CB078541

Autora

Marcela Ferraz Candioto

Mestre em Turismo e Lazer pela ECA/USP, Mestre em Turismo: Planejamento e Gestão Ambiental e Cultural pela Unibero/SP, Bacharel em Turismo pela PUC/Campinas. Professora convidada do Curso de Pós-Graduação em Direito Ambiental da Cogeae PUC/SP. Durante 12 anos (1998 a 2009) atuou como docente em diversos Cursos de Graduação em Turismo (Centro Unisal, Eduvale, Isca Faculdades e Faculdade Cásper Líbero) ministrando as disciplinas de Agências de Viagens, Transportes e Teoria Geral do Turismo. Atua há 25 anos no mercado de agenciamento de viagens no Brasil. Sócia-proprietária da Daura`s Turismo, da Circollare Representações Turísticas e de quatro franquias da CVC Operadora. Diretora da Aviesp (Associação dos Agentes de Viagem do Interior do Estado de São Paulo) e membro do conselho da Abav-SP (Associação Brasileira das Agências de Viagem).

Dedicatória

Dedico esta obra à mais importante agente "das viagens da minha vida", a quem devo todas as minhas conquistas e realizações: minha mãe Dáura, uma profissional que sempre trabalhou com ética, amor, profissionalismo e muita dedicação, realizando sonhos e contribuindo para o desenvolvimento do turismo do Brasil e das muitas pessoas ao seu redor.

Apresentação

Turismo: ampliar conhecimento para crescer com o Brasil

Atuar no setor do Turismo gera inúmeras oportunidades para as pessoas que estão procurando inserir-se no promissor cenário econômico brasileiro, marcado pela inclusão de milhões de novos consumidores no mercado.

Gerador de expressivos resultados para as comunidades nas quais se torna parte do ambiente econômico, o turismo recupera a autoestima, contribui para preservação do meio ambiente, estimula a produção cultural e incentiva centenas de atividades dos mais variados portes.

Trabalhar em Turismo, nos seus vários segmentos e atividades correlatas, pode parecer complicado, mas é uma sequência muito objetiva de atos – trata-se de equacionar corretamente a articulação entre quatro verbos – Comer, Dormir, Comprar e Visitar. Estes são os verbos que um passageiro conjuga ao chegar a seu destino, na medida em que se utiliza da oferta gastronômica (ele come fora de casa); da oferta hoteleira (ele dorme fora de casa); da oferta comercial (ele faz compras) e da oferta lúdico-cultural ou natural (ele vai visitar e conhecer o lugar). O que muda é a razão pela qual ele conjuga esses quatro verbos: férias e lazer, negócios e eventos, visita a parentes, provar de um prato ou bebida especial, praticar esportes, além de dezenas de outras razões que podemos imaginar.

Como profissional de turismo, venho atuando há vários anos tanto no setor público quanto no setor privado, especialmente no mercado internacional. Neste sentido, há muito tempo me chama a atenção o crescimento da produção intelectual do turismo brasileiro. Vários colegas vêm escrevendo e refletindo sobre o desenvolvimento do turismo ao longo dos últimos anos, com muita competência. Nossa produção bibliográfica inclusive tem a qualidade de estar distribuída ao longo de praticamente todo o país, incorporando, portanto, contribuições intelectuais que espelham a diversidade e o pluralismo cultural sobre os quais o Brasil está se construindo.

No entanto, quando iniciei minhas atividades docentes na Universidade de São Paulo em 2008, uma questão de outra qualidade começou a chamar-me a atenção: se por um lado é fato que o Brasil construiu uma imagem internacional completamente nova, que o país hoje se coloca como um dos agentes econômica e politicamente destacados no cenário mundial, e que este fato vem se refletindo no turismo brasileiro, por outro, nossa produção intelectual, assim como a reflexão acadêmica de nossos colegas, ainda não havia se encontrado com a produção estrangeira para um diálogo de qualidade.

Ou seja, encontros como é prática antiga e corrente em diversos setores da produção cultural brasileira – música, teatro ou arquitetura, por exemplo – nos quais a realização de trabalhos construídos em parceria entre autores estrangeiros e brasileiros vem produzindo resultados memoráveis e marcantes, até 2011 não se verificavam no turismo. Apesar do crescimento gerado pela inserção do Brasil no mercado turístico internacional – em volume de passageiros, em volume de conexões aéreas internacionais, em volume expressivo de crescimento no ingresso de dólares na economia brasileira, nossa produção literária em turismo não tinha uma experiência desta qualidade até o lançamento da primeira fase desta coleção.

Este livro abre a segunda fase desta coleção, sendo escrito inteiramente por uma autora brasileira e vem acompanhando o ciclo de maturação do turismo como atividade econômica no país, em relação ao cenário internacional.

Se retornarmos no tempo, é possível traçar uma linha lógica de acontecimentos – a criação do Ministério do Turismo e o redirecionamento da Embratur para atuação internacional, a inserção do tema Eventos na agenda de promoção do país (2003), a criação dos Escritórios Brasileiros de Turismo (2004), o Plano Aquarela e a criação da Marca Brasil (2005) e, finalmente, a presença do Brasil no Top 10 do Ranking ICCA – International Congress & Convention Association, em volume de realização de eventos internacionais (2006); e acompanhar a repercussão destes fatos na mídia internacional. Em paralelo à implantação de cada uma das situações descritas, há uma reação da mídia internacional, gerada em grande parte pelo peso econômico que o país vai assumindo na condição de mercado consumidor, como resultado das políticas de inclusão social. O turismo beneficia-se deste cenário, pois a imagem do país vai se reconstituindo no imaginário tanto de consumidores quanto de *decision-makers* ao redor do mundo, e o noticiário referindo-se ao Brasil de forma positiva começa a despontar já ao final da década passada.

Pois bem, um processo de crescimento pode ter como paralelo a adolescência: nosso corpo e nossa alma ficam um pouco contraditórios, a voz muda, os desejos são alternados entre antigos interesses infantis e os novos olhares para a futura vida adulta. Pois é exatamente neste ponto que nos encontramos hoje, enquanto país, em relação a vários itens da agenda nacional relacionados ao turismo. A cada nova etapa vencida ao longo dos últimos anos, surge um novo desafio a enfrentar – legislação, infraestrutura e capacitação, os mais comentados, são a parte visível deste adolescer do turismo brasileiro, rumo a um novo papel no cenário internacional.

Do ponto de vista da produção intelectual brasileira, a criação do curso de Lazer e Turismo da EACH – Escola de Artes, Ciências e Humanidades, da Universidade de São Paulo, em 2005, representou a possibilidade de inserir no universo acadêmico uma nova geração de professores e formuladores, cuja formação, por abranger um conjunto amplo de áreas de conhecimento, e destacadamente por trazer a reflexão mais ampla sobre o lazer em suas diversas possibilidades. Ao completar seu sétimo ano, tendo já graduado varias turmas e iniciado um ciclo gerador de titulação de seus professores na carreira acadêmica, o curso tem uma contribuição a fazer ao pensamento turístico brasileiro.

No país que conquistou o direito de realizar a Copa do Mundo e os Jogos Olímpicos, a tarefa à qual se propõe esta *coleção inovadora* é trazer aos leitores, sejam estes *profissionais* interessados em ingressar no setor ou já atuantes; sejam empreendedores ou trabalhadores; sejam *estudantes* de nível técnico, superior ou graduados na área, as seguintes contribuições:

- **atualização:** pois reúne alguns dos melhores e mais consagrados autores estrangeiros, traduzidos e adaptados por autores brasileiros especializados nos segmentos sobre os quais escreveram;
- **inovação:** pois a partir dos textos originais, acrescenta conceitos e experiências da literatura turística brasileira profundamente calcados na realidade nacional e na expertise e vivência profissional e acadêmica de cada um dos autores;
- **apoio:** pois tem a capacidade de orientar objetivamente aqueles que pretendem ingressar no setor ou rever as práticas que hoje adotam em sua ação cotidiana; e
- **reflexão:** pois é a primeira coleção produzida após as profundas alterações institucionais pelas quais passou o turismo brasileiro com a criação de um Ministério próprio, em 2003. Esta coleção vai refletir os resultados obtidos com o novo patamar alcançado pelas atividades ligadas ao turismo, assim como sua inserção na agenda econômica do país.

Convido todos a desfrutarem da Coleção completa. Professores e alunos, profissionais iniciantes e experientes, vão encontrar na diversidade de temas que abordamos um processo de reflexão à altura dos desafios do Brasil contemporâneo. Vão encontrar em cada um dos livros, temas que nos desafiam cotidianamente. Nosso objetivo declarado aliás, ao eleger temas e autores, era exatamente o de ampliar o universo de leitores das publicações especializadas em turismo, por meio da abordagem de temas cujo equacionamento é vital para que o Brasil esteja à altura de seu novo patamar.

Esta é a tarefa à qual nos propusemos e que agora submetemos ao julgamento dos leitores.

Se, por um lado, é fato que esta nova década assiste a consolidação de um país melhor em termos de qualidade de vida sob todos os aspectos, por outro, esta situação nos cria novos desafios em termos de geração de infraestrutura e qualidade de produtos e serviços para atender a este novo patamar de demandas internas e externas.

Nosso objetivo com os livro desta Coleção é contribuir, por meio deste inédito diálogo entre as produções intelectuais internacional e brasileira no turismo, para que o país possa enfrentar, e novamente superar, mais este novo desafio.

Eduardo Sanovicz
São Paulo, março de 2012

Sumário

Introdução

Esta obra pretende dar ao leitor uma visão mais clara e próxima do setor de agenciamento de viagens no Brasil, principalmente diante das atuais mudanças, advindas de fatores como: avanços da tecnologia, entrada de novos canais de distribuição, criação do Ministério do Turismo, mudanças no comportamento de consumo, entre outros elementos que, supostamente, ameaçam a sustentabilidade das agências de turismo na cadeia produtiva da distribuição do turismo como um todo.

A intenção é não só satisfazer a necessidade de conhecimento de estudantes e profissionais que aspiram entrar no mercado, mas também servir de fonte de informação e base para reflexão aos agentes de viagem brasileiros.

Utilizando-nos da experiência de 25 anos no mercado, aliada à vivência acadêmica e docência no ensino superior em Turismo, foi possível tratar os assuntos por meio de analogias, exemplos práticos e *cases*.

O objetivo é de nos fazer entender por todos os que possam ter algum interesse no assunto, não importando se estão ou não diretamente ligados ao mercado turístico.

Foram selecionados alguns assuntos que constituem, hoje, boa parte das inquietações do mercado: novos canais de distribuição, internet, redes sociais, tecnologia móvel, redução/fim das comissões na venda de passagens aéreas; o papel dos grandes *players*[1] do setor, tendências de consumo e expectativas de sustentabilidade das agências de turismo são alguns dos temas tratados.

Além das tradicionais e consagradas publicações e pesquisas das áreas do Turismo e conhecimentos correlatos, tanto nacionais quanto estrangeiros, o ineditismo e o dinamismo de alguns assuntos nos forçaram a buscar como fonte de pesquisa relatos de profissionais dos mais diversos segmentos e também a imprensa e as publicações voltadas exclusivamente ao setor turístico brasileiro.

Desta forma, acreditamos ser possível estabelecer uma aproximação do diálogo que existe hoje entre o mercado, principalmente do setor de agenciamento, e o universo acadêmico e das pesquisas. Entendemos que, no cenário contemporâneo, não há espaço

1 *Player*: empresa que desempenha papel em algum mercado ou negociação.

para dicotomias arcaicas e posicionamentos individualistas, em particular em um setor que busca, pelo seu universo acadêmico ou profissional, o devido reconhecimento e visibilidade na sociedade como um todo.

Por fim, a obra tem por objetivo discutir questões atuais e pontuar desafios do setor de agenciamento de viagens no Brasil, com a intenção de elencar aspectos que sejam importantes e urgentes de serem compreendidos, tanto pelos profissionais que atuam no setor quanto também pelos que pretendem ingressar no mercado.

CAPÍTULO 1

Agências de turismo no Brasil: desenvolvimento, tipologia e serviços prestados

OBJETIVOS DO CAPÍTULO

- Trazer ao leitor um pouco da história do surgimento das agências de turismo no mundo e sua trajetória de desenvolvimento no Brasil.
- Apresentar a vigente classificação do Ministério do Turismo para esse tipo de empresa e dividi-la conforme as suas características.
- Estabelecer uma breve discussão sobre os principais serviços prestados pelas agências de turismo no Brasil.

COMO SURGIU ESTE TIPO DE EMPRESA?

Agência de viagem, agência de turismo, agência de viagem e turismo, operadoras de turismo etc. Nossa! Quantas categorias envolvem o ato de basicamente intermediar ou organizar a viagem das pessoas, ou então apenas facilitar a maneira como podem viajar.

Este tipo de empresa, que ainda hoje chama a atenção de muitos jovens que anseiam entrar no mercado de trabalho, é relativamente novo se comparado a outros segmentos do setor turístico, como os meios de hospedagem, por exemplo.

Tudo começou no final do século XIX, na Europa. Documentos nos mostram que foi a inglesa Thomas Cook and Son a primeira agência de viagens registrada no mundo. Na mesma década, surgiu em Portugal a Agência Abreu, mas, a princípio, como trabalhava com outros serviços de transporte, e também pelas características do registro de sua empresa, não é considerada pela maioria como a primeira agência de turismo do mundo.

A empresa inglesa Thomas Cook surgiu após seu fundador realizar uma viagem de trem para um grupo de antialcoólicos na Inglaterra, entre Leicester e Lougborough, em 1841.[1]

Naquela época, os meios de transporte tornavam-se mais rápidos e mais seguros, despertando o interesse de pessoas ávidas por viajar e conhecer outros lugares. Assim, visualizava-se uma necessidade natural de fornecer meios, facilidades e informação para que os indivíduos pudessem empreender as viagens de maneira segura. Essa concepção norteia a função das agências de turismo até os dias de hoje.

Dessa maneira, pode-se dizer que, desde o seu surgimento, as agências de turismo são empresas que buscam aperfeiçoar a maneira de viajar, facilitando a aquisição e a utilização dos serviços e equipamentos turísticos.

O crescimento das agências de turismo, a partir de então, se deu de maneira extremamente rápida. Em 1878, já havia um total de 250 agências de turismo espalhadas por todo o mundo, incentivando, em 1919, a criação da primeira entidade ou organização voltada aos interesses dessas empresas, a International Federation of Travel Agencies (IFTA – Federação Internacional das Agências de Viagem) (Acerenza, 1990, p. 23).

No Brasil, infelizmente, a falta de registros e da devida sistematização das informações sobre o desenvolvimento desta atividade nos impede de comprovar com exatidão quando e quem, efetivamente, iniciou as atividades de agenciamento de viagens em nosso país.

Em entrevista com Modesto Mastrorosa, fundador da Agência Geral de Turismo, Rejowski descobriu que:

> Em 1943 foi fundada a primeira agência de viagem brasileira – Agência Geral de Turismo [...]. Na época São Paulo tinha menos de 2 milhões de habitantes, não havia grandes redes hoteleiras e nem a aviação comercial estava desenvolvida no Brasil. Mas havia procura relevante de turismo marítimo para viagens nacionais e internacionais. A Agência Geral começou criando excursões de ônibus, e [...] lançou o primeiro Carnaval aéreo para o Rio de Janeiro [...] (Rejowski, 2001, p. 38).

Porém, baseando-nos principalmente na pesquisa de Rejowski e Perussi, e também no material disponibilizado pela Associação Brasileira das Agências de Viagem (Abav), em comemoração ao seu cinquentenário, descobrimos que desde o início do século XX, algumas companhias, naquela época denominadas "casas de turismo", já ofereciam serviços de intermediação de viagens (Rejowski e Perussi, 2008):

> No início do século 20, quando a aviação comercial ainda não existia, já estavam estabelecidas no Brasil diversas empresas, que se dedicavam à venda de passagens de navios – então o grande meio de transporte – e também a fazer câmbio, para atender princi-

1 Para saber mais sobre o histórico do surgimento das agências de viagem, ver Rejowski (2002).

> palmente os estrangeiros que desembarcavam no País, ou as pessoas de maior poder aquisitivo que viajavam para o exterior, basicamente para a Europa. Foi assim com a Miller, de São Paulo. Em 1904, Charles Miller, o introdutor do futebol no Brasil, assumiu a empresa que havia sido fundada por seu tio em 1880; que passa a representar a Royal Mail Lines (conhecida como Mala Real Inglesa), cujos navios levaram muitos brasileiros para a Europa e trouxeram muitos imigrantes para o Brasil. Na mesma época, no Rio de Janeiro, ingressava no setor a família Cinelli, precisamente em 11 de setembro de 1901. No então Distrito Federal ficaram famosas as "casas", como eram chamadas as empresas que se dedicavam a esse tipo de comércio. A Casa Aliança foi fundada em 1911; da mesma época é a Casa Bernardo, que pertenceu ao pai de Camilo Kahn, um dos fundadores da Associação Brasileira de Agências de Viagens – Abav. Também em 1911 foi fundada em São Paulo a Martinelli. Na segunda década do século 20 instalou-se no Brasil a Expresso Internacional, que ficou famosa, fez escola e passou a ser conhecida pelo seu endereço telegráfico: Exprinter. Em Santos, litoral paulista, a Casa Branco foi criada em 1920. Antes mesmo dessa época, contudo, precisamente em 1838, Manoel José do Conde, em Salvador, abriu uma empresa dedicada à importação (bacalhau e outros tipos de alimentos) e exportação (cacau e fumo principalmente). Com o desenvolvimento dos negócios, começou a representar a companhia marítima Lloyd Real Holandês, passando a se dedicar à venda e apoio para cargas e passageiros. Como se vê, o conceito de viagens e turismo, como conhecido hoje, ainda não existia no Brasil. Mas desde o início já havia o embrião do que viriam a ser os agentes de viagens da atualidade (Abav, 2003, p. 12).

Desta maneira, o que podemos concluir é que, no Brasil, as agências de turismo surgiram com o aperfeiçoamento de empresas que, a princípio, dedicavam-se à prestação de serviços relacionados ao transporte e à importação e exportação. A falta de registros e estudos aprofundados nos impede de afirmar com precisão qual foi a primeira agência de turismo registrada no Brasil, destinada a atender exclusivamente à organização de viagens de passageiros assim como acontece nos dias atuais.

Sabemos que, em 1953, no Rio de Janeiro, um grupo de 15 agências de viagem, fundou a Abav, uma entidade que foi criada com a intenção de defender e resguardar os interesses da classe. São elas: Agência de Viagens Camilo Kahn; Agência Geral Tour Brasil; Agência Riviera; Agência Woehrle; American Express S.A. Viagens Internacionais; Avipam Comércio S.A.; Bahia Turismo S.A. (Turismo Associadas); Casa Bancária Moneró Ltda.; Exprinter do Brasil Turismo; Kamel Turismo e Comércio; Pernambuco Turismo S.A. (Turismo Associadas); Rio de Janeiro Turismo S.A. (Turismo Associadas); Tourservice Serviço Internacional de Viagens e Turismo S.A.; Turismo Cultural e Científico; Wagons-Lits/Cook (Abav, 2003, p. 22).

O crescimento desse tipo de empresa no Brasil se deu efetivamente na década de 1950, após o término da Segunda Guerra Mundial (1939-1945), quando o transporte aéreo se tornou um pouco mais acessível e mais seguro também. Surgiram, nas décadas de 1950 e 1960, empresas que hoje se configuram como importantes operadoras de turismo no Brasil, como é o caso da Agaxtur (1953), da Nascimento Turismo (1961) e da Stella Barros Turismo (1965), entre outras.

Seguindo este evento, surgiu o que se entende por "turismo massivo", principalmente com a criação dos pacotes turísticos organizados, com preços mais acessíveis e, a maioria dos serviços necessários incluídos em um mesmo preço. Neste cenário é que se desenvolveram as primeiras agências de turismo em nosso país, tal qual as conhecemos hoje.

As décadas de 1970 e 1980 foram marcadas pelo surgimento e pela consolidação de empresas que organizavam principalmente viagens em grupo. Entre muitas que surgiram nesse período, pode-se destacar o nascimento de empresas como a CVC, e da extinta Soletur (Abav, 2003, p. 22).

Vale destacar que, de uma maneira geral, a maioria das pessoas sentia-se mais confortável em empreender uma viagem em grupo ou por meio dos denominados pacotes turísticos. Esse comportamento pode ser atribuído ao fato de a informação ser escassa e as barreiras idiomáticas serem maiores que hoje em dia (a internet inexistia para as pessoas comuns, vindo a se popularizar somente da década de 1990).

Surgiram desde então, no Brasil, muitas empresas neste segmento. A maioria servindo como intermediária na venda de produtos organizados pelas operadoras turísticas, e tendo o apoio dos chamados "consolidadores"[2] para revender passagens aéreas.

Antigamente, para que uma agência de turismo pudesse revender e emitir bilhetes das companhias aéreas brasileiras, era necessário ter o registro junto ao Sindicato Nacional das Empresas Aeroviárias (Snea), assim como, para emitir e comercializar bilhetes de companhias aéreas internacionais, deveria estar registrada junto à International Air Transportation Association (Iata).

Como a passagem aérea sempre foi um produto essencial na organização de viagens, era imprescindível que as agências de turismo tivessem esses registros o que era, até então, algo relativamente burocrático para se conseguir.

Com o surgimento do chamado "consolidador", essa burocracia deixou de ser um empecilho para o surgimento de muitas novas agências de turismo, principalmente nas décadas de 1980 e 1990.

Na sequência, houve também a diminuição da inflação iniciada com a implementação do Plano Real, em meados da década de 1990, seguida por uma estabilização da economia que permitiu maior facilidade no financiamento de pacotes turísticos. Isso também sugeriu o aumento deste tipo de empresa em nosso país.

Com a chegada da informatização, principalmente da internet, permitindo o contato direto dos fornecedores com o consumidor final; com os avanços da tecnologia da informação aliados à maior exigência do consumidor pela qualidade dos produtos que consome, o cenário da comercialização do turismo começou a se transformar. As agências de turismo também.

2 Ver definição de "consolidador" no tópico seguinte.

Para iniciarmos uma discussão em torno do setor de agenciamento no Brasil, se faz necessário, em um primeiro momento, saber como essas empresas são classificadas atualmente e quais as características que diferenciam os tipos de empresas.

TIPOLOGIA E CLASSIFICAÇÃO DAS AGÊNCIAS DE TURISMO NO BRASIL

Este tipo de empresa possui diversas classificações segundo sua função e posicionamento comercial no *trade* turístico (mercado turístico), e que são determinadas conforme os órgãos reguladores de cada país.

No Brasil, antes da criação do Ministério do Turismo (MTur), em 2003, o registro e a classificação eram de responsabilidade do Instituto Brasileiro do Turismo (Embratur).

Com a criação do MTur, a Embratur passou a ser direcionada para ações voltadas à promoção e ao marketing do Brasil como destino turístico. Foram criadas então a *Secretaria Nacional de Políticas de Turismo,* voltada ao planejamento e à pesquisa; a *Secretaria Nacional de Programas de Desenvolvimento do Turismo,* que ficou responsável pela formulação dos planos, programas e ações destinados ao desenvolvimento e ao fortalecimento do turismo nacional, e o *Conselho Nacional de Turismo,* colegiado com a atribuição de assessorar o ministro de Estado do Turismo na formulação e na aplicação da Política Nacional de Turismo e dos planos, programas, projetos e atividades derivados.[3]

O MTur, considerando a necessidade de ordenar a prestação de serviços turísticos e os objetivos do Plano Nacional do Turismo, instituiu, então, o Cadastro dos Prestadores de Serviços Turísticos (Cadastur). Desde então, o registro das agências de turismo é feito através de um sistema *on-line* do Ministério do Turismo (<http://www.cadastur.turismo.gov.br>).

> Até 2002, o cadastro oficial dos prestadores de serviços turísticos era de responsabilidade do Instituto Brasileiro de Turismo (Embratur), por meio do Sistema Automático de Gerenciamento dos Prestadores de Serviços Turísticos (Saget). A partir de 2003, essa responsabilidade foi transferida ao Ministério do Turismo (MTur) e, em 2006, para promover o ordenamento, a formalização e a legalização dos prestadores de serviços turísticos, foi implantado o Cadastur, o sistema de cadastro oficial dos empreendimentos, equipamentos e profissionais do setor de turismo no Brasil.[4]

Segundo o que dispõe a Lei Geral do Turismo, de 18 de setembro de 2008:

> Compreende-se por agência de turismo a pessoa jurídica que exerce a atividade econômica de intermediação remunerada entre fornecedores e consumidores de serviços turísticos ou os fornece diretamente.

---

3 MTur. Disponível em: <http://www.turismo.gov.br>. Acesso em: 8 fev. 2012.

4 Disponível em: <http://www.cadastur.turismo.gov.br/cadastur/_jsp/jsp/manuais/manual-usuario-cadastur.pdf>. Acesso em: 8 fev. 2012.

§ 1º São considerados serviços de operação de viagens, excursões e passeios turísticos, a organização, contratação e execução de programas, roteiros, itinerários, bem como recepção, transferência e a assistência ao turista.

§ 2º O preço do serviço de intermediação é a comissão recebida dos fornecedores ou o valor que agregar ao preço de custo desses fornecedores, facultando-se à agência de turismo cobrar taxa de serviço do consumidor pelos serviços prestados.

§ 3º As atividades de intermediação de agências de turismo compreendem a oferta, a reserva e a venda a consumidores de um ou mais dos seguintes serviços turísticos fornecidos por terceiros:

I - passagens;

II - acomodações e outros serviços em meios de hospedagem; e

III - programas educacionais e de aprimoramento profissional.

§ 4º As atividades complementares das agências de turismo compreendem a intermediação ou execução dos seguintes serviços:

I - obtenção de passaportes, vistos ou qualquer outro documento necessário à realização de viagens;

II - transporte turístico;

III - desembaraço de bagagens em viagens e excursões;

IV - locação de veículos;

V - obtenção ou venda de ingressos para espetáculos públicos, artísticos, esportivos, culturais e outras manifestações públicas;

VI - representação de empresas transportadoras, de meios de hospedagem e de outras fornecedoras de serviços turísticos;

VII - apoio a feiras, exposições de negócios, congressos, convenções e congêneres;

VIII - venda ou intermediação remunerada de seguros vinculados a viagens, passeios e excursões e de cartões de assistência ao viajante;

IX - venda de livros, revistas e outros artigos destinados a viajantes; e

X - acolhimento turístico, consistente na organização de visitas a museus, monumentos históricos e outros locais de interesse turístico.

§ 5º A intermediação prevista no § 2º deste artigo não impede a oferta, reserva e venda direta ao público pelos fornecedores dos serviços nele elencados.[5]

Na época em que a Embratur era a responsável pela classificação de empreendimentos dedicados às atividades turísticas e detinha também a função fiscalizadora, existiam duas classificações para essas empresas: agências de viagem e agências de viagem e turismo, as quais se distinguiam apenas pelas destinações geográficas que comercializavam e pelas características de seu contrato social.

---

5 Lei nº 11.771, de 17 de setembro de 2008, art. 27. *Diário Oficial da União,* 18 set. 2008.

O Cadastur instituiu a classificação única de *agência de turismo*, que se caracteriza segundo as funções acima descritas pela Lei Geral do Turismo.

Na legislação vigente, o que diferencia as agências de turismo brasileiras entre si, são os serviços que prestam, os quais são informados pelas mesmas no seu cadastro junto ao Ministério do Turismo.

Muito embora tenhamos hoje apenas uma única classificação para as agências de turismo no país, é inegável que existem diferenças significativas entre as empresas que comercializam produtos e serviços turísticos, seja por sua abrangência (nacional ou internacional), pelo tipo de produto/serviço que oferecem, ou ainda pela demanda que atendem.

Por isso, não importa a classificação única; é imperativo compreender, principalmente pela proposta desta obra, as diferenças e os tipos de empresas existentes no mercado turístico segundo o seu perfil e atuação.

Muito embora boa parte da bibliografia existente no Brasil sobre o tema trate da classificação das agências de turismo sob a ótica internacional, esta obra abordará especificamente esse tipo de empresa, seu funcionamento e inter-relações, tal como hoje ocorre no Brasil.

Segundo Braga (2008, p. 22), o Decreto nº 5.406, de março de 2005, estabeleceu a nomenclatura das agências de viagem, oficializando o que já estava em prática no mercado:

> [...] as agências preponderantemente produtoras passaram a ser chamadas de operadoras turísticas, e as agências distribuidoras, de agências de viagem; mas e segundo a legislação, todas ainda se enquadram na categoria agências de turismo.

- *Operadoras turísticas ou agências produtoras*: organizam pacotes turísticos, desenvolvem roteiros e conjugam em um só preço os itens de uma viagem: transporte, hospedagem, alimentação, serviços (guia de turismo, passeios, entretenimento etc.), facilitando a comercialização dos destinos turísticos.

- *Agências de viagem ou distribuidoras*: empresas que fazem a conexão entre o consumidor final (turista) e os produtos turísticos das operadoras, além dos demais fornecedores independentes (meios de hospedagem, de transporte, alimentação e inúmeros outros serviços turísticos).

Compreendendo essa classificação, é importante saber que, dentro de cada uma delas, existem ou podem coexistir outras várias, digamos, subclassificações, que podem ser determinadas pelo tipo de serviço que oferecem, demanda que atingem ou produtos que cada uma dessas empresas trabalha ou em que se especializa.

Assim, visando a uma compreensão mais generalizada por parte do leitor, elencamos algumas distinções entre esses tipos de empresa segundo sua função, abrangência e mercado.

Operadoras turísticas ou produtoras

Operadoras turísticas nacionais

Desenvolvem roteiros e pacotes turísticos, aéreos, marítimos, rodoviários ou mistos, dentro do território nacional. Sua demanda é composta predominantemente por clientes do seu próprio país que podem adquirir seus produtos por meio de agências de turismo distribuidoras, ou também, diretamente dos seus próprios canais de distribuição, os quais podem ser lojas próprias, sites de internet, entre outros.

Exemplo: Azul Viagens – <http://www.azulviagens.com.br>.

Operadoras turísticas internacionais

Desenvolvem roteiros e pacotes turísticos aéreos, marítimos, rodoviários ou mistos, em países distintos daquele em que está estabelecida. Sua demanda é composta predominantemente por clientes do seu próprio país ou de outros países que estão interessados em viagens ao exterior. Têm uma característica predominantemente emissiva, e revendem seus pacotes por meio das agências de turismo distribuidoras e também dos próprios canais de distribuição.

Exemplo: Special Tours – <http://www.specialtours.com>.

Operadoras turísticas locais ou receptivas

Atuam no atendimento e na prestação de serviços no local onde estão estabelecidas. Os principais serviços estão relacionados com traslados, passeios, excursões locais, reservas de hotéis, shows, dentre outros. Revendem seus produtos principalmente por meio das operadoras turísticas produtoras (que organizam pacotes) e também pelas agências de turismo, mas podem, ainda, possuir outros canais de distribuição.

Exemplo: <http://www.ernanitur.com.br>.

Operadoras turísticas mistas

Atuam tanto como operadora nacional quanto internacional e receptiva. Atendem a demanda doméstica de clientes bem como a demanda internacional. Vendem seus produtos por meio das agências de turismo distribuidoras e demais canais de distribuição como lojas representantes, internet dentre outros.

Exemplo: <http://www.cvc.com.br>.

Operadoras turísticas segmentadas

Podem ser nacionais ou internacionais. Desenvolvem pacotes e roteiros para um determinado nicho de mercado (GLS, terceira idade, formandos etc.) para certo tipo de turismo (ecoturismo, turismo de incentivo, turismo de aventura, núpcias etc.), ou ainda para um destino específico (estações de esqui e destinos de neve, destinos de pesca, destino América do Sul, Europa etc.). São especializadas. Vendem seus produtos através das agências de turismo distribuidoras e demais canais de distribuição.

Exemplo: <http://www.ambiental.tur.br>.

Agências de viagem ou distribuidoras

Agência de viagem vendedora

Tem caráter varejista e atende ao consumidor final, prestando serviços, assessoria e informações detalhadas sobre os produtos. Revendem os produtos elaborados pelas operadoras turísticas produtoras, como também, meios de transporte, hospedagem, alimentação e entretenimento recebendo, na maioria dos casos, uma comissão de seus fornecedores. Organizam *forfaits,*[6] pequenos roteiros e podem desenvolver produtos próprios. Por comercializarem produtos de toda e qualquer empresa, também são chamadas no mercado de Agências "multimarcas".

Agência de viagem representante

Tem caráter varejista e atende o consumidor final, prestando serviços, assessoria e informações detalhadas sobre os produtos. Revendem produtos e serviços elaborados por uma ou mais operadoras turísticas ou fornecedor. Configura-se por trabalhar com a distribuição de uma oferta limitada e selecionada de produtos.

Assim como acontece com as operadoras turísticas, as agências de turismo podem também trabalhar de forma segmentada. Existem empresas, por exemplo, que se especializam em viagens de lazer, de negócios, ou ainda, em um determinado tipo de cliente ou destino.

Dentro do exposto na legislação brasileira, é classificada também como agência de turismo um outro tipo de empresa que, acreditamos, não pode ser considerada exatamente como uma operadora ou como uma simples agência de viagem. É o que chamamos de *"consolidadores" e general sales agents (GSA).*

Os consolidadores funcionam como um tipo de "suporte" para as agências de turismo na comercialização de passagens aéreas, ou seja, elas repassam e revendem o transporte aéreo para as agências de turismo que não possuem o credenciamento necessário para esta operação (registros no Snea e Iata).

É necessário ressaltar a importância deste tipo de empresa para o desenvolvimento e crescimento das agências de turismo no Brasil, principalmente nas décadas de 1970 e 1980, momento do surgimento do maior número dos atuais consolidadores, que contribuiu para o aumento de um grande número de pequenas agências de turismo em todo o país.

Além dos consolidadores, existe também o chamado General Sales Agent (GSA) que, é uma forma de representação de um determinado produto ou serviço, servindo como um atacadista na distribuição dos mesmos às agências de viagem de um determinado país ou região. No Brasil, os GSA estão relacionados principalmente à representação de companhias aéreas, porém, podem também representar cadeias hoteleiras, companhias marítimas, entre outros.

Dentre as principais empresas consolidadoras do nosso país, podemos citar: a Rextur (<http://www.rextur.com.br>), a Flytour (<http://www.e-flytour.com.br>), a Gapnet (<http://www.gapnet.com.br>) e a Ancoradouro (<http://www.ancoradouro.com.br>).

---

6 *Forfait* é um roteiro criado à *la carte,* ou seja, feito a pedido do cliente, sob medida. Exige um mínimo de competência e de conhecimento do agente de viagens.

Algumas delas também funcionam, além da representação de companhias aéreas, como GSA de companhias marítimas e hotéis.

Este tipo de empresa atende exclusivamente a operadoras turísticas e agências de viagem, e não ao consumidor final.

Diante do exposto, para não causar nenhum tipo de equívoco em nossa abordagem, vamos chamar de *agências de turismo ou agência de viagens* as empresas que atuam no varejo de viagens de maneira independente (agências tradicionais ou multimarcas); e de *agente de viagens*, ao profissional que atua no setor de agenciamento. Os demais tipos serão tratados por termos pelos quais são tradicionalmente conhecidos no mercado: consolidador, operadora, loja representante etc.

FUNÇÕES E SERVIÇOS PRESTADOS PELAS AGÊNCIAS DE TURISMO

Dentro do universo das funções de uma agência de turismo, que são várias, pode se dizer, de maneira bem simplista, que todas elas têm por objetivo: *facilitar o empreendimento de viagens com a obtenção de lucro pelo serviço prestado.*

É extremamente importante compreender exatamente qual é o papel e o produto de uma agência de turismo. Muitos acreditam ser hotéis, passagens aéreas, pacotes turísticos etc. No entanto, se pensarmos de uma forma mais abrangente, entenderemos que, na verdade, *o que uma agência vende é facilitação.*

Sim, uma agência de viagens facilita a intermediação entre os equipamentos de turismo (hotéis, meios de transporte, hospedagem etc.) e o cliente final. Esta compreensão é fundamental, principalmente no momento atual, onde a informação acessível e a tecnologia avançada permitem ao consumidor organizar suas viagens de maneira independente, através do contato direto com os equipamentos turísticos.

As funções básicas de uma agência de turismo são a organização, promoção, reservas e venda de serviços de transporte, hospedagem, alimentação, eventos, passeios etc., além da facilitação no trâmite de documentação de viagem, tais como passaporte, vistos consulares, assistência e seguro de viagem etc.

Para De La Torre, essas funções requerem o contato contínuo das agências de turismo com os inúmeros prestadores de serviços turísticos e fornecedores, principalmente dos meios de transporte e de hospedagem. Esta relação está baseada no princípio de que o provedor do serviço, no caso o fornecedor, paga à agência de turismo uma comissão deduzida do preço que é normalmente cobrado do cliente final (De La Torre, 2003).[7]

7 É importante esclarecer que o modelo de parceria fornecedores x agências de turismo não significa, de um modo geral, que a agência ofereça um preço maior para o cliente pois a comissão do agente de viagem é paga por seus fornecedores que, até então, ofertavam preços idênticos aos oferecidos pelas agências de viagem. Este cenário já não ocorre na comercialização de passagens aéreas, como veremos mais adiante nesta obra.

Muitas pessoas, principalmente em virtude do advento da internet, que colocou os equipamentos turísticos em contato direto com o consumidor, acreditam que não exista mais necessidade de se utilizar dos serviços prestados por uma agência de turismo.

Por isso, é imperativo que os profissionais da área, os estudantes de turismo e áreas correlatas e a sociedade como um todo compreendam a importância do papel deste tipo de empresa e o real produto que é ofertado pelas agências de turismo.

Ainda não se aprofundando nas recentes mudanças do setor, observemos de uma maneira geral os principais serviços e produtos que são comercializados pelas agências de turismo no Brasil.

Tarifação, reserva e emissão de bilhetes aéreos nacionais e internacionais

Fornecer tarifas, traçar itinerários, reservar, emitir e alterar bilhetes aéreos é uma das principais funções das agências de viagem, uma vez que o transporte aéreo é a base para a organização de grande parte das viagens e roteiros turísticos.

Uma agência de turismo possui sistemas de reservas ligados às companhias aéreas que permitem a busca de tarifas e de itinerários de uma maneira distinta ainda, do que ocorre hoje nos sites de internet.

São os chamados Global Distribution System (GDS), sistemas transacionais dedicados à distribuição de serviços aéreos, hospedagem, locação de veículos, entre outros. A busca é mais rápida pelo fato de estarem inseridas neste sistema a maioria das empresas aéreas do mundo. Os principais GDS de âmbito mundial são Amadeus (<http://www.amadeusbrasil.com.br>), Galileo (<http://www.galileobrasil.com.br>), Sabre (<http://www.sabrebrasil.com.br>) e Worldspan.[8]

Além disso, quando o cliente busca por uma agência que possua profissionais capacitados, consegue obter informações mais precisas sobre as regras tarifárias e sobre a escolha do seu itinerário.

Hoje é possível efetuar a compra de um bilhete aéreo através dos sites de companhias aéreas de maneira muito simples. É conveniente considerar que o transporte aéreo deixou de ser algo elitizado e que a complexidade dos códigos, tarifas etc. que antes eram disponibilizados exclusivamente aos sistemas operacionais de reservas existentes nas agências de viagem, hoje em dia estão traduzidos em uma linguagem de fácil compreensão para todo mundo.

Por isso, faz-se necessário compreender que o papel do agente de viagens não é pura e simplesmente "revender" passagens aéreas. Hoje, este papel pode facilmente ser desempenhado pela internet.

No mundo atual, o papel fundamental do agente de viagens no processo de intermediação de bilhetes aéreos é o de atrelar a essa venda todos os procedimentos de segu-

8 Para saber mais sobre os GDS e sua importância no setor de agenciamento de viagens, sugerimos Marin (2004).

rança, otimização de tempo, diminuição de preço e outras informações necessárias para o empreendimento de uma viagem aérea, seja ela nacional ou internacional.

Reservas de meios de hospedagem no Brasil e no exterior

Da mesma maneira que acontece com o transporte aéreo, hoje em dia existem diversos sites e canais de distribuição para a reserva e a compra de hotéis tanto no Brasil quanto no exterior.

Mais uma vez, tarifas e disponibilidade de hotéis, que eram de conhecimento praticamente exclusivo do agente de viagens, passam a ser algo de domínio comum por meio da internet.

No entanto, é importante saber que, mesmo com a proliferação de outros canais de distribuição, as agências de turismo ainda possuem alguns canais exclusivos. Elas mantêm sistemas de reservas específicos para este fim que, por sua vez, trabalham com provedores mundiais de reservas hoteleiras.

Desta maneira, as agências de viagem podem, muitas vezes, oferecer tarifas melhores que a internet e até mesmo, algumas vezes, mais baratas que o próprio hotel. Através de acordos comerciais que o setor hoteleiro estabelece com os provedores de reservas e operadoras turísticas, as agências de turismo continuam sendo uma opção interessante ao consumidor para a reserva de hotéis no Brasil e no mundo.

Em termos de segurança, para o cliente, ter em mãos um documento expedido por uma empresa ou um provedor de cunho internacional significa maior garantia do que portar apenas uma reserva com número de cartão de crédito ou um simples comprovante de depósito bancário.

Além disso, presume-se que ao lidar com alguém que se conhece e ter um vendedor e uma empresa por trás da reserva do hotel poderá assegurar solução mais rápida em caso de imprevistos.

Para o agente de viagem, é importante diferenciar o seu atendimento, agregando valor ao produto. Um profissional, se for organizado e atento, poderá oferecer informações bem mais precisas sobre os meios de hospedagem do que a internet, pois este tem *o feedback* contínuo de clientes, colegas e fornecedores sobre a situação atual e os serviços prestados pelos hotéis.

Saber dizer, por exemplo, que o hotel X tem uma farmácia ao lado, ou que serve uma deliciosa sobremesa de amoras frescas com chantili no jantar, pode fazer muita diferença na escolha de alguns clientes.

Em entrevista à autora, o diretor comercial de um hotel do Nordeste brasileiro comenta:

> Embora tenhamos sim, nossos canais de venda direta pela internet, ainda apostamos e consideramos os agentes de viagem nossos principais parceiros e distribuidores. A internet é boa sim, mas para aquela família que conversa no jantar para decidir sobre sua viagem, a folheteria que fazemos e que é distribuída pelas agências é mais eficaz, além disso, os agentes são aquelas pessoas que podem dizer ao cliente coisas como: se a nossa cama é confortável, se nosso chuveiro é quentinho, se nossos quartos são limpos etc. (Silva, 2011).

Desta maneira, entendemos que o preço é sim, muitas vezes, um fator fundamental na decisão de compra de um hotel. O cliente tem a liberdade de escolher o melhor para ele, e deve fazer isso. Sendo assim, cabe ao agente de viagem agregar "valor" às suas reservas de hotéis para que o preço deixe de ser o mais importante para o cliente. Apostar no conhecimento, nos detalhes, ou ainda, voltar a valorizar, organizar e utilizar o material promocional, folhetos, cadernos etc. que lhes são entregues de forma gratuita pelos hotéis, pode fazer a diferença.

Comercialização de pacotes turísticos nacionais e internacionais

A agência de turismo vendedora mantém acordo com a maior parte das operadoras turísticas existentes no mercado. Geralmente, conhece as peculiaridades de cada produto e de cada fornecedor, o que facilita na busca de um pacote turístico que atenda às necessidades do cliente.

Suas reservas são feitas por meio dos portais das operadoras ou por contato direto com essas empresas que pagam uma comissão à agência de viagem em torno de 10% sobre o valor do pacote.

Existem operadoras que possuem sites próprios de venda e utilizam outros canais de distribuição como internet e rede de lojas exclusivas. No entanto, é possível dizer que, no caso de pacotes turísticos, uma agência de turismo multimarcas detém ainda uma gama maior de opções ao cliente, uma vez que existem muitas operadoras que não têm o interesse em trabalhar com o público final, sendo as agências seu único canal de distribuição.

Comercialização de cruzeiros marítimos nacionais e internacionais

O produto cruzeiro marítimo é algo que se popularizou no Brasil em meados da década de 1990, quando enfim nossa costa pôde receber navios estrangeiros para a realização de cruzeiros em nosso país.

Hoje, existem diversas companhias marítimas que operam cruzeiros no Brasil e para revender suas cabines, a maioria se utiliza de operadoras turísticas e agências de turismo.

Existem companhias que oferecem a opção de reserva através de sites, mas para cruzeiros no Brasil isso ainda não consiste no principal canal de distribuição.

Sabemos que, em outros países em que a "cultura de se viajar de navio" é bem mais difundida que no Brasil, os clientes acabam adquirindo os cruzeiros diretamente nas companhias marítimas, porém, mesmo no mercado internacional, as agências também se configuram como o principal distribuidor deste produto.

Uma pesquisa da Cruise Lines International Association (Clia), realizada em 2008, revelou que 74% dos cruzeiristas adquiriram suas viagens através de uma agência de turismo (Amaral, 2009).

Elaboração de *forfaits* ou Foreign Independent Tours (FIT)

Elaborar roteiros individuais é algo que pode diferenciar muito uma agência da outra, ou, ainda, pode efetivamente estabelecer uma concorrência entre as agências e outros canais de distribuição. Trata-se de algo exclusivo que cada agente de viagem vai oferecer ao seu cliente.

São muitas vezes roteiros detalhados, específicos, que requerem conhecimento do local e de seus equipamentos. Por isso, o lucro da agência não estará somente na comissão do hotel ou da passagem aérea. Neste caso, ele poderá cobrar pelo seu *know-how* pelos diferenciais que oferece no roteiro e pelas informações que vai conceder. Para que isso ocorra, é necessário que o profissional tenha efetivamente competência e conhecimento, caso contrário, o melhor caminho ainda é solicitar este serviço a uma operadora parceira.

Para o cliente, comprar um *forfait* com uma agência de turismo significa, acima de tudo, economia de tempo. Tratando-se de uma viagem que envolve diversas variáveis que nem sempre podem ser de conhecimento do turista, as agências de turismo representam uma maneira mais prática e segura para a elaboração de um roteiro sob medida.

Locação e *leasing* de veículos no Brasil e no exterior

Reserva de veículos também parece ser uma coisa simples. Realmente é, desde que o cliente conheça as regras para locação em cada destino; saiba das restrições de documentação em alguns países; entenda os procedimentos de devolução e taxas cobradas; os variados tipos de seguro que lhe são oferecidos etc.

Hoje em dia, as agências de turismo realizam locações de veículos através dos sites das locadoras, como também por meio de distribuidores, que oferecem opções de diversas locadoras simultaneamente, facilitando, por exemplo, a comparação de preços e as vantagens de cada uma delas.

Normalmente, os valores de locação de veículos são os mesmos em qualquer canal de distribuição, e as agências recebem o comissionamento pela reserva, oferecendo o preço igual ao da locadora ou da internet.

No entanto, os processos de *leasing* para turistas somente podem ser intermediados por uma empresa de turismo, operadora ou agência, devido à sua complexidade e restrições, como a exigência do trâmite físico de contratos e documentos.

Facilitação nos trâmites de documentação

Da mesma maneira que muitos de nós buscamos despachantes para cuidar dos documentos dos veículos e da burocracia que o processo envolve, muitos clientes buscam auxílio para obtenção e atualização de seus documentos de viagem, como passaporte, vistos consulares, carteira de vacinação, entre outros, muito embora seja possível fazer tudo de maneira independente, e/ou por meio de despachantes autorizados, que, em geral, situam-se nos grandes centros urbanos do Brasil.

Sendo assim, as agências de turismo são uma das principais fontes de informação e suporte para os turistas, principalmente para os que não dispõem de tempo para cuidar de seus documentos e para os que residem fora dos grandes centros.

Discutimos, assim, de uma maneira discreta e generalizada, algumas das principais funções e serviços prestados pelas agências de turismo do Brasil e parte de suas características.

É importante ressaltar que, na maioria das vezes, o preço pago por um produto adquirido através de uma agência é exatamente idêntico ao oferecido diretamente pelos fornecedores, uma vez que são estes que pagam a comissão pelo serviço, e não o cliente, como muitos acreditam.

Salvo algumas exceções, principalmente no setor aéreo, como veremos mais adiante nesta obra, é preciso compreender que utilizar os serviços de uma agência de viagem não encarece o produto, ao contrário; com a experiência, os acordos comerciais e os recursos tecnológicos que este tipo de empresa possui, é muito provável que o cliente ainda possa reduzir seus gastos e aperfeiçoar o aproveitamento de sua viagem.

No Brasil, desde o surgimento das agências de turismo até hoje em dia, o modelo de atendimento e dos serviços prestados são similares. Trata-se de uma empresa que *vende serviços que facilitam a organização de uma viagem.*

É curioso que muitos agentes de viagem, quando questionados sobre "qual é o seu produto?", ou ainda "o que você vende?", digam: "eu vendo hotéis", "vendo passagens aéreas", "vendo pacotes turísticos", entre outras respostas.

Sobre tais afirmações, analisemos esta breve analogia.

No início do século XX, dois ferreiros trabalhavam na beira de uma estrada, prestando serviços àqueles que ali paravam, dando água e alimento para seus cavalos, fixando ferraduras, entre outras coisas. Com a chegada do automóvel, claro que as carroças desapareceram. Quando foram questionados sobre "qual produto você vende", um deles respondeu: "eu alimento e cuido de ferraduras de cavalos"; já o outro disse: "eu presto serviço de apoio às pessoas que viajam por esta estrada". Adivinhe quem sobreviveu?

Se pensarmos bem, desde sua concepção como empresa, agências de turismo prestam um serviço ao consumidor, que é o de facilitar a aquisição de equipamentos turísticos, na organização ou na realização de uma viagem.

Pensando dessa maneira, entendemos que o *produto de uma agência de turismo é a facilitação da organização e da realização de uma viagem.*

O fato que intriga o mercado atualmente é que a receita recebida pelos serviços prestados pelos agentes de viagem sempre foi paga pelos fornecedores: companhias aéreas, hotéis, operadoras etc., dando a falsa impressão de que estes seriam o verdadeiro produto dessas empresas.

Para os agentes de viagem, é importante compreender que o seu real produto tem a ver com a capacidade e o conhecimento em relação a tudo aquilo que pode, efetivamente, fazer a diferença para o cliente no momento de optar por onde comprar sua viagem. Entendendo que o mundo mudou, o mercado mudou, o cliente mudou, as agências também precisarão mudar. A zona de conforto acabou.

EXERCÍCIOS DE REFLEXÃO

1. Avalie a importância dos consolidadores para o setor de agenciamento de viagem no Brasil.
2. Busque maiores informações sobre o papel da International Air Transportation Association (Iata) para o setor de agenciamento de viagens no Brasil e no mundo.
3. Usando as ferramentas comuns como mapas, guias e internet, entre outros, desenvolva o seguinte roteiro turístico: um casal deseja conhecer Portugal, podendo permanecer somente sete noites no país. Imaginando que você tenha que elaborar um *forfait* para esses clientes, estabeleça um roteiro sequencial das cidades que ofereceria e todos os serviços e equipamentos que seriam necessários para a realização da viagem. Agregue valor ao produto: pontos turísticos, curiosidades, gastronomia.

CAPÍTULO 2

Fim da zona de conforto para as agências de turismo

OBJETIVOS DO CAPÍTULO

- Discorrer sobre os fatores que condicionaram as mudanças nos métodos de trabalho do agente de viagem, com especial atenção à chegada da internet.
- Discutir maneiras e alternativas para a sustentabilidade das agências de turismo, por meio de relações e analogias com outros setores da economia.
- Apresentar uma previsão sobre o futuro do mercado turístico e de seus atores diante das novas tecnologias.

MUDANÇAS QUE ALTERARAM OS MÉTODOS DE TRABALHO DAS AGÊNCIAS DE TURISMO

Durante muito tempo, as agências de turismo detiveram ferramentas e canais praticamente exclusivos na intermediação dos serviços e produtos turísticos.

Como consistiam praticamente no principal canal com o consumidor final, essas empresas eram cortejadas de maneira ímpar por seus fornecedores, fossem eles companhias aéreas, hotéis ou operadoras turísticas, que trabalhavam em parceria, pagando-lhes uma comissão pela revenda de produtos e serviços.

Porém, assim como ocorreu em outros setores, a comercialização do turismo também sofreu alterações com o desenvolvimento tecnológico e o alcance da informação, principalmente após o advento da internet.

Para os que trabalham no setor de turismo, é comum ouvir lamúrias e expressões de medo de colegas da profissão com relação à ameaça que representam os avanços da tecnologia da informação para a sobrevivência das agências de turismo.

É possível recordar, por exemplo, o ano de 1989, quando em uma reunião de alguns membros da Abav discutiu-se a ameaça que a popularização do *fax* poderia significar para as viagens corporativas.

Mais tarde, com a chegada da internet, essas discussões se intensificaram, não só por ameaçar viagens corporativas, mas também, e principalmente, por poder representar o fim da necessidade do cliente de utilizar os serviços de uma agência de turismo.

Obviamente, é necessário analisar ambos os eventos (fax e internet) com a devida cautela, em particular no tocante às suas distintas capacidades e funções. Porém, essa analogia serve para ilustrar que os avanços e as mudanças são inevitáveis e que qualquer empresa, de qualquer setor, está vulnerável a desaparecer se não estiver preparada e capacitada para se adequar aos novos tempos.

Numa agência de turismo não é diferente; a não ser, talvez, pelo fato de esse tipo de empresa comercializar produtos intangíveis, geralmente de terceiros, e de serem intermediárias na cadeia produtiva. No caso das agências de turismo, nada é exclusivo, salvo para algumas empresas que operam os próprios produtos.

É inegável que o advento da internet trouxe transformações significativas para o setor de comercialização de viagens e, por que não dizer, também positivas. Ao contrário do que pensam alguns céticos, não é possível pensar que esta possa representar uma ameaça que eliminará as agências de turismo da face da terra.

O essencial é compreender que as agências de turismo podem e vão coexistir com a internet e suas interfaces. Os grandes distribuidores de turismo continuarão oferecendo as suas inúmeras e maravilhosas ofertas (que nem sempre são as "melhores ofertas", pois a melhor oferta às vezes não é o menor preço, e sim a melhor opção para o indivíduo, que vai muito além do preço), e os agentes capacitados continuarão a se aperfeiçoar continuamente para não perderem seu espaço. Isso é positivo para o cliente e para o setor.

Hoje, o agente de viagem dispõe de muitos outros recursos e fontes de informações mais precisas para realizar seu trabalho.

Nesse sentido, cabe ao profissional se aperfeiçoar na maneira como busca e utiliza as informações, com o objetivo de otimizar seu tempo e seu trabalho, revertendo positivamente para si os avanços da tecnologia. Sobre isso, Santos e Murad Júnior (2008, p. 112) observam:

> O consumidor usuário da internet é capaz de elaborar seu roteiro e solicitar os serviços sem precisar da consultoria de um agente de viagens, porém a chave do sucesso desse profissional é saber de que maneira utilizar as informações obtidas na internet. O agente de viagens deve utilizar essa ferramenta a seu favor, para que possa conhecer melhor os produtos que vende [...] o grande desafio é saber navegar na internet e encontrar informações seguras e confiáveis [...].

Outra questão a ser observada sobre os produtos e serviços oferecidos na internet são as particularidades e especificações que muitas vezes podem passar despercebidas pelo consumidor. É o caso das regras de tarifas aéreas, qualidade dos serviços dos hotéis e até mesmo os ditos "melhores preços".

Nem tudo está disponível na internet. Claro que a passagem aérea está, o hotel também e até mesmo o carro ou o transporte para os passeios, além de muita informação sobre produtos, equipamentos e destinos. Mas, será que é só clicar, passar o cartão e pronto? Será que não existe nada mais de que o cliente necessite? Será que ele tem mesmo certeza de que aquela passagem e aquele hotel que ele comprou foram a melhor opção para atender às suas necessidades?

Será que para todo cliente a melhor oferta significa sempre o menor preço?

A CVC Operadora, até então considerada a maior operadora de turismo do Brasil, por exemplo, não tem o menor interesse em divulgar e disponibilizar os seus produtos nos grandes sites de distribuição e agências de turismo *on-line,* como a Submarino Viagens, a Decolar.com etc.

Para o então presidente desta empresa, esses canais somente classificam e ordenam a oferta de seus produtos pelo preço.

> [...] isso não é interessante, pois o preço final de um produto é o resultado de uma série de coisas como, por exemplo, a categoria do hotel, e isso não é levado em conta nesses sites [...] quando o cliente busca um pacote, o primeiro a aparecer sempre será o mais barato independente de ser bom ou não (Patriani, 2011).

A internet traz, sim, muita informação ao cliente, e elimina a necessidade da intermediação. No entanto, é importante lembrar também que tudo isso demanda *tempo* do consumidor, algo que está sendo cada vez mais escasso para o indivíduo, exatamente em virtude dos avanços tecnológicos.

Assim sendo, é hora de as agências de turismo compreenderem que a retórica de que "o elemento humano" é insubstituível porque consegue "transmitir as sensações, as experiências" e blá-blá-blá já está ultrapassada.

Pode-se dizer que **humanos capacitados** podem, sim, fazer alguma diferença neste momento. Capacitados em quê? Em informação precisa, em rapidez, em solução ágil dos problemas e no atendimento das expectativas dos clientes de maneira mais rápida e eficaz que o proporcionado pela internet, seja em preço ou em informação.

Difícil? Sim. Impossível? Não.

É fundamental compreender que, hoje em dia, a agilidade e a eficácia aliada ao elemento humano e às suas experiências é que podem concorrer com a internet e a horda de oferta que esta traz aos consumidores.

Sobre isso, vale citar o que pensa Patriani,[1] importante executivo do turismo brasileiro. Em outras palavras, ele pontuou sobre esse assunto:

> Os agentes de viagem têm que entender que não podem acreditar que são apenas consultores de viagem; eles são acima de tudo vendedores de viagem, tal como a internet é; a diferença é que eles podem fazer isso dando também consultoria.

Ser consultor de turismo em um país como o Brasil ainda não gera receita, principalmente pela cultura da nossa sociedade, que não valoriza os prestadores de serviços da maneira como acontece em outros países.

Muito embora estejamos vivendo na era da informação digital, é importante refletir sobre o que Kanitz (2005) pensa sobre o assunto. Segundo o economista, as empresas estão esquecendo a maneira tradicional de vender, e isso pode ser arriscado a longo prazo:

> As empresas se esqueceram de como vender seus produtos [...] rebaixaram o diretor de vendas ao nível de subgerente, confiaram nas promessas do marketing científico e da propaganda. Estamos no caminho errado. Precisamos voltar a valorizar as equipes de vendas como se fazia no passado, voltar a contratar pessoas que saibam vender e não somente tirar pedidos.

Este pode ser um importante momento para as agências de turismo reconsiderarem a maneira de vender. Já que a internet e outros canais de distribuição estão invadindo sua zona de conforto, talvez seja o momento de reinventar o velho e tradicional modelo de venda – aquele em que o cliente realmente possa ser atendido frente a frente, esclarecendo dúvidas de maneira pessoal, sendo abordado e tratado, como se dizia antigamente, como um "freguês". Lembram-se desse termo? Quanto tempo faz que não o ouviam?

Sobre isso, vale abordar o que disse Luis Paulo Luppa[2] em uma palestra a empresários do setor turístico. Segundo o especialista em vendas e presidente de uma operadora turística brasileira, existe uma grande diferença entre cliente e freguês. Em outras palavras, ele afirmou que as agências de turismo devem cultivar seus *fregueses*, que nada mais são que os clientes habituais, aqueles que voltam às empresas por afinidade, confiança, tradição, valores etc.

No entanto, para Luppa, o que ocorre é que boa parte das agências de turismo está mais preocupada em disputar os clientes que estão perdendo para a internet e outros canais de distribuição, do que cuidar bem daqueles que podem se tornar seus fregueses (Luppa, 2011).

---

1 Valter Patriani, bacharel em Turismo. Atualmente, membro do Conselho da CVC Operadora, empresa que atua há 35 anos. Foi presidente executivo da operadora até novembro de 2011. É considerado um dos maiores responsáveis pela expansão da CVC e pela popularização do turismo às classes populares.

2 Luis Paulo Luppa é considerado um dos principais especialistas em vendas no Brasil, palestrante, autor de 14 livros e de 26 DVDs, dos quais se destaca *O vendedor pit-bull*. Atualmente é empresário e presidente da Trend Operadora Turística.

Ora, lendo isso pode nos parecer óbvio, não é mesmo? Mas, na verdade, temos de concordar com Luppa. Muitas agências de turismo não investem no seu relacionamento direto com os clientes e não se preocupam em desenvolver técnicas para mantê-los. Se esquecem que fazer isso custa infinitamente menos do que investir em um site ou em uma propaganda. Trata-se do bem atender, do cuidar, do diferenciar-se de toda e qualquer concorrência, com atitudes que são às vezes muito mais simples do que imaginamos.

Com a chegada da internet e dos novos canais de distribuição, muitos fornecedores passaram a vender seus produtos diretamente ao consumidor final, eliminando o intermédio da agência de turismo e o custo da comissão que lhes pagavam. Este fato fez com que essas empresas começassem a questionar a sua sustentabilidade no futuro.

Podemos aferir que esta inquietação pode também ser resultado da compreensão equivocada de alguns empresários sobre o verdadeiro produto que comercializam. Aqueles que acreditam que vendem apenas passagens aéreas, hotéis, pacotes etc. têm menos chances de ter sucesso no mundo contemporâneo.

É oportuno comentar que, devido à diminuição ou até mesmo ao desaparecimento do comissionamento para as agências de turismo, o Sindicato das Empresas de Turismo (Sindetur) elaborou, há alguns anos, uma tabela de referência de valores das taxas que poderiam/deveriam ser cobradas pelas agências de turismo, assim como já existe em alguns países da Europa.

A taxa seria uma alternativa de lucro para as agências, pelo tempo gasto em prestar informações, em intermediar produtos pelos quais não recebem mais comissão; na elaboração de orçamentos; no auxílio em documentação, entre outros serviços que não geram receita direta.

Porém, acreditamos que na prática, hoje, se as agências de turismo no Brasil vierem a cobrar por esses serviços, poderão perder muitas vendas. Salvo se isso fosse imposto ou admitido como regra por todas as agências indistintamente, o que ainda é pouco provável e muito difícil de acontecer, principalmente pela diferença da qualidade dos serviços prestados pelas agências de turismo brasileiras.

Sobre isso, William Périco, presidente da Abav/SP e da Associação dos Agentes de Viagem do Interior do Estado de São Paulo (Aviesp), reflete:

> A maior falha que vejo em nosso segmento é o desnível entre as empresas, pois temos agências no Brasil comparadas às instaladas em Londres, Paris e Nova Iorque, mas também, temos agências que continuam com uma estrutura muito parecida com a dos anos 1970, ou seja, é uma diferença muito grande, que reflete diretamente na qualidade da prestação de serviço, pois um cliente que é atendido por uma empresa desestruturada, ficará com uma imagem muito ruim e poderá acabar generalizando toda a categoria.

Vemos que a questão tange não só à cultura de nossa sociedade, mas também ao fato de grande parte dos profissionais que trabalham em agências de turismo não estarem devidamente capacitados para fornecer um serviço digno de ser cobrado.

Para Marin (2006, p. 36):

> Há muitos profissionais que não estão em condições de ser verdadeiros consultores de viagem, pois viajam pouco, não conhecem direito os destinos que vendem e não se identificam com o estilo de vida de seus clientes. E mais. Muitos exibem um grau de conhecimento insuficiente das ferramentas e da tecnologia.

Desta maneira, alinhar uma taxa de serviço para as agências de turismo passa a ser algo muito difícil de ser implantado de maneira uniforme no país, seja pelas diferenças regionais dos mercados que atuam ou pelas diferenças existentes no atendimento e serviços prestados pelas agências de turismo, entre outros.

Quando se trabalha no turismo, ou mesmo quando se cursa uma faculdade de turismo, é comum ouvir expressões como: "Nossa, que vida boa!"; "Você só viaja, não é?"; "Quer dizer que você vai passear na faculdade!"

Não entrando no mérito de quanto isso pode ser irritante ou, ainda, do quanto falta trabalhar a imagem do turismo como atividade profissional para mudar essa percepção falha da sociedade, entendemos que, de maneira geral, turismo é comumente associado a prazer e lazer. Isso pode remeter a uma impressão equivocada sobre os profissionais do turismo, que muitas vezes são confundidos com "turistas profissionais".

Muitos acreditam que trabalhar com turismo é, sobretudo, prazeroso, que envolve viagens constantes, hotéis de luxo, ócio etc. Não podemos negar que, de certa forma, talvez os profissionais do turismo estejam, sim, mais próximos desse universo, mas isso não pode suplantar a correta compreensão da sua importância para o desenvolvimento da atividade e dos benefícios econômicos e sociais que o turismo promove.

Esta percepção generalizada acaba atraindo muitas pessoas que vêm para o mercado principalmente pelo fato de acreditarem no universo romântico e prazeroso que envolve o turismo. Muitos acabam optando por empreenderem uma agência de viagens, e abrem um negócio sem ter a noção real do que ele representa.

Apesar do despreparo desses empresários e dos aspectos negativos que isso possa refletir no setor de agenciamento, por outro lado, podemos dizer que não é ruim. Mostra que, apesar de todas as inquietações e transformações pelas quais o mercado de agenciamento de viagem vem atravessando, ainda existem pessoas dispostas a investir nesse nicho, revelando que o mercado de turismo no Brasil está em ascensão, em particular para aqueles que estiverem preparados e dispostos a cuidar de seu negócio, entendendo a complexidade e adversidades que envolvem o mundo contemporâneo.

Neste sentido, entendemos que tanto o MTur, as entidades de classe, o Serviço Brasileiro de Apoio às Micro e Pequenas Empresas (Sebrae), as universidades, quanto também outras instâncias, podem auxiliar o processo de capacitação profissional do setor de agenciamento de viagem no Brasil em suas mais diversas necessidades, promovendo a sustentabilidade dos novos empreendedores, bem como do setor de maneira geral.

TUDO SE CRIA... TUDO SE TRANSFORMA

As agências de turismo devem investir mais em si próprias e na sua equipe. Devem observar o que outras empresas de sucesso estão fazendo e adequar parte das estratégias ao seu negócio (*benchmarking*),[3] buscando a excelência na prestação dos serviços.

Façamos outra rápida analogia. Numa época não muito distante, no Brasil, os postos de combustível eram ambientes bem diferentes do que vemos hoje. Era comum, por exemplo, o cliente sequer descer do carro no momento de abastecer para não sujar os sapatos. Em épocas mais recentes, os postos de abastecimento também começaram a acrescentar lojas de conveniência, lavagem de veículos, dentre outros serviços, ao negócio principal. A ideia era diversificar as fontes de receita e atrair novos consumidores. Então, os postos se tornaram um ambiente mais claro, mais seguro, mais limpo e mais agradável de permanecer. Agora, o cliente desce para tomar um café ou comprar uma revista enquanto aguarda o abastecimento. Além de oferecer uma comodidade ao cliente, os postos de gasolina brasileiros descobriram novas alternativas para incrementar sua receita, além da venda de combustível.

A mudança foi tão grande que hoje são poucos os postos que não oferecem essas comodidades ou esse tipo de ambiente. No início dessas mudanças, muitos empresários temiam investir nesse segmento. Com o tempo, perceberam que o cliente poderia optar e que, provavelmente, sua opção seria pelos postos modernos.

Outro exemplo aconteceu com a chegada dos supermercados. Os então pequenos mercados e armazéns de bairro viram-se ameaçados quando uma grande empresa começou a oferecer produtos de uma maneira muito mais prática, organizada e higiênica para seus clientes, tendo ainda melhores preços devido à grande quantidade de produtos que comprava dos fornecedores.

É fato que, com o aumento do número de supermercados, muitos desses pequenos mercados desapareceram. No entanto, se observarmos bem, é possível ainda encontrar alguns desses tradicionais mercados em muitos lugares. São aqueles que conseguiram fazer alguma coisa diferente dos demais, certo? Certíssimo! Alguns começaram a investir em produtos diferenciados que não eram encontrados nos grandes supermercados. Vendiam, por exemplo, queijos frescos trazidos de alguma fazenda; outros, vinhos e cervejas artesanais, geleias caseiras e outras coisas que não seriam encontradas nos grandes supermercados por uma razão muito simples: seria mais complicado abastecer um grande supermercado com produtos artesanais, seja pela logística de transporte e armazenamento, seja pela quantidade mínima exigida pelos grandes mercados, ou ainda pelo prazo de validade dos produtos que, em geral, é bem menor que os industrializados.

---

3 Trata-se de um processo por meio do qual uma empresa examina como outra realiza uma função específica a fim de aprimorar a realização de uma função semelhante. O processo de comparação do desempenho entre dois ou mais sistemas é chamado *benchmarking*.

Com isso, muitos mercadinhos continuaram suas atividades. Alguns deles são hoje, até mesmo, destaque em qualidade de produtos e ampliaram o seu negócio, como é o caso de um elegante empório na cidade de São Paulo, que "[...] hoje faz parte do roteiro dos amantes da gastronomia e busca manter a qualidade e variedade dos produtos com um atendimento diferenciado. Marcas da Casa desde 1926".[4]

Outros mercados sobreviveram por sua localização em bairros ou periferias. Mesmo praticando preços mais caros, a vantagem de o consumidor não ter de se deslocar até onde estavam os supermercados para adquirir um determinado produto fez com que eles continuassem a atender seus clientes. Porém, foi necessária uma adequação no estoque, uma vez que as grandes "compras do mês" que eram feitas no mercado não eram mais comuns.

Outros ainda ofereciam crédito diferenciado ao cliente. Lembram da caderneta do armazém da esquina? Pois então: alguns apostaram em continuar fidelizando seus clientes da maneira tradicional, cultivaram a sua "freguesia", e também deu certo.

Trazemos esses relatos para ilustrar um pouco, com histórias de outros setores, que sempre existem alternativas para quem esteja disposto a enfrentar as mudanças.

Vamos agora pensar essa analogia sob a égide e as características de muitas agências de turismo no Brasil.

Comparado ao que dissemos sobre os postos de gasolina, vemos que, em nosso país, muitas agências têm seus escritórios abarrotados de papel, com um leiaute antiquado, mobília desconfortável, com funcionários que usam roupas de mau gosto. Muitas ainda estão localizadas em prédios de difícil acesso, dificultando a chegada do cliente. Algumas ainda – pasmem! – sequer oferecem computadores para todos os funcionários.

Como uma empresa que funciona desta maneira pode querer competir no mundo atual? Não seria o momento de investir? É necessário dizer que, quando mencionamos "investimento", não nos referimos apenas ao investimento financeiro. Falamos sobre investimento de uma maneira mais ampla, em capacitação de recursos humanos, tecnologia, conhecimento, planejamento e gestão, entre outros.

Para o investimento financeiro, é importante dizer que o Banco Nacional de Desenvolvimento (BNDES) tem programas de crédito para microempresas que queiram investir em tecnologia e infraestrutura. A Abav e a Aviesp são entidades que podem orientar e auxiliar as agências de turismo com informações mais precisas sobre o assunto.

Já comparando as agências de turismo com nossos pequenos mercados, podemos dizer (não incorrendo em anacronismos) que, talvez para as pequenas agências, cultivar elementos do atendimento tradicional, ou ainda valorizar produtos que não possam ser

4 Trecho do texto de apresentação da Casa Santa Luzia. Disponível em: <http://www.santaluzia.com.br>. Acesso em: 9 fev. 2012.

comercializados por grandes empresas, operadoras e internet, possa lhes garantir alguma exclusividade que, no futuro, poderá, também, representar o seu sucesso.

Mas que produto? Que serviço? Como fazer? A resposta é simples: não sabemos! Porque, se pudéssemos dizer, já não seria algo original, oriundo ou exclusivo de uma agência que busca isso. O que podemos fazer é dar sugestões, apontar caminhos e valorizar a importância dessa possível estratégia.

Conhecemos uma pequena agência, localizada em uma grande cidade do interior paulista, que trabalha de portas fechadas. Isso porque, enquanto são atendidos, seus clientes podem escolher entre tomar água mineral francesa, champanhe, vinho, cerveja ou ainda petiscar castanhas importadas. Detalhe: dependendo do cliente e do tamanho da venda que se realiza, existe a chance de ele escolher a safra ou a qualidade da uva de seu vinho. Perguntamos: será que este agente de viagem pode perder seu cliente para a concorrência ou para a internet? Claro que sim. No entanto, a agência oferece uma experiência "única" e distinta das demais, que pode justificar o preço do seu produto. Para clientes que prezam qualidade de atendimento, exclusividade, personalização e *glamour*, dificilmente essa agência terá concorrência.

Outro exemplo é de uma agência que identificou em determinado momento que nos períodos de vestibular, muitas pessoas buscavam por hospedagem, informações e meios de transporte para realizarem as provas. Verificou ainda que muitas faculdades distantes dos grandes centros ofertavam um número menor de candidato/vaga e que muitas pessoas deixavam de prestar essas provas justamente por ser caro e geralmente coincidir com as datas dos vestibulares maiores. O que esta empresa fez? Reuniu informações e pesquisou as datas de vários vestibulares, organizou pacotes com transporte, hospedagem, traslado até o local da prova e até fornecia um kit com água e chocolate para os vestibulandos. Divulgou isso nos colégios da região. Seus serviços iam desde o pagamento da taxa de inscrição do vestibulando até a conjugação de várias provas numa mesma temporada. O cliente poderia escolher uma espécie de "circuito de vestibulares" para medicina, por exemplo.

Estes exemplos mostram que algumas agências já estão vendendo, buscando e valorizando suas "geleias artesanais", assim como fizeram os mercadinhos que tiveram sucesso no passado.

É preciso entender que é chegado o momento de descobrir as próprias receitas. Ninguém conhece mais o seu negócio e a sua empresa do que os próprios empresários, certo? Sim. Mas isso só não basta. É preciso também conhecer melhor o cliente e saber que ele mudou, descobrir o que ele deseja; é preciso se espelhar no que acontece de melhor no mercado e adaptar tudo isso à realidade da empresa e do negócio.

Para os que conseguirem, é muito provável que encontrem muitas receitas de "geleias exclusivas" e muito saborosas para o seu "mercadinho".

INTERNET: CHEGAM OS NOVOS TEMPOS

Como se sabe, a internet trouxe diversas mudanças para o mundo de uma maneira geral. Assim, os modelos de consumo também foram afetados por este advento e, pelo que tudo indica, afetará ainda mais, à medida que as crianças que nasceram pós-era internet crescerem e se transformarem em consumidores.

Para estes, a internet não será encarada como algo novo ou diferente. Muito provavelmente, para esta nova população, a leitura deste texto será uma coisa extremamente desnecessária e ultrapassada. Este conteúdo será algo que servirá apenas para fazê-los saber sobre as inquietações de um mercado há alguns anos atrás.

Por isso, enquanto esta população cresce, é imperativo que as empresas consigam compreender a nova realidade para estarem preparadas para atender a esses futuros consumidores.

A rede mundial de computadores ou internet foi criada com objetivos militares, nas décadas de 1970 e 1980, posteriormente, além de ser utilizada no universo militar, passou também a ser uma ferramenta para fins de pesquisas e de comunicação acadêmica.

No ano de 1990, a internet deu seus primeiros passos para alcançar a população em geral, principalmente após a criação da interface World Wide Web (WWW), pelo físico inglês Tim Berners-Lee. Desde então, se desenvolve em ritmo acelerado, sendo considerada uma das maiores invenções tecnológicas da humanidade desde a televisão na década de 1950.

> A Web é mais uma criação social do que técnica. Eu não a projetei como um brinquedinho. Precisamos ter a certeza de que a sociedade que construímos na rede é aquela que almejamos (Tim Berners-Lee, criador da World Wide Web – WWW (Vieira, 2003, p. 2).

Hoje, a internet é algo presente nos lares e empresas do mundo todo. Estar conectado passou a ser uma necessidade, principalmente para as empresas.

Com o desenvolvimento da rede, não demorou muito para que alguns verificassem uma imensa oportunidade de investimento, criação e venda.

Surgiram os sites de busca: o Yahoo!, o Altavista, entre outros que antecederam ao atual e mais popular de todos: o Google. Iniciou-se também, o processo de venda pela internet com Jeff Bezos, fundador da americana Amazon.com, pioneira na comercialização digital que, no início, vendia apenas livros (Vieira, 2003, p. 2).

> [...] de tanto fuçar na rede e de analisar a viabilidade de se vender roupas, carros e sapatos, Jeff Bezos acabou encontrando uma ótima oportunidade: vender livros [...] que eram artigos de preço baixo que poderiam ser adquiridos por impulso [...] que poderiam ser vendidos por uma loja virtual, praticamente sem estoque, bastando encomendar aos distribuidores apenas as unidades efetivamente compradas pelos internautas (Vieira, 2003, p. 14).

Assim, surgiu uma nova maneira de consumo. O consumo pela internet. Desde então, várias outras empresas, de vários outros setores, investiram no desenvolvimento de sites de compra para os seus produtos.

A princípio, havia uma incerteza com relação à segurança de se fornecer o número do cartão de crédito na internet. Hoje em dia, este medo diminuiu significativamente, principalmente após os bancos e as instituições financeiras também iniciarem suas transações por meio da internet, como também pelos sofisticados sistemas de segurança para pagamentos *on-line* como o *PayPal*.[5]

Pinho considera que os avanços tecnológicos que precederam a internet e os computadores pessoais, como *pagers*, videocassete, fax etc. foram fundamentais para que o indivíduo aprendesse a dominar mais facilmente as novas tecnologias. Por isso, a assimilação de uma novidade tecnológica tem sido cada vez mais rápida em nossa sociedade ,e não se pode ignorar que o comércio eletrônico é uma atividade que vai se consolidar cada vez mais como uma alternativa para os consumidores. Ainda para este autor:

> As novas tecnologias periodicamente resultam em significativas transformações na sociedade e causam grandes mudanças de hábito e de comportamento. Cada um no seu tempo, o telégrafo, o telefone e o aparelho de fax deixaram suas marcas no comércio [...] agora é a vez da internet (Pinho, 2000, p. 211).

Para alguns, a internet está para a era digital assim como a máquina a vapor esteve para a era industrial, ou seja, algo com impressionante força em termos de mudança do mundo e da sociedade.

Antes desse advento, os territórios de atuação de um mercado eram bem definidos, quem produzia e quem vendia: "[...] eram poucos os produtores ou indústrias que tinham canal direto ao consumidor, pois a maioria tinha medo de atravessar ou ferir a tradicional cadeia de distribuição" (Pinho, 2000, p. 225).

Em um artigo publicado em 1999, Gurovitz (1999) afirmou:

> Tão devastadores quanto a máquina a vapor foi para o modo de vida da tecelã, serão os microprocessadores em rede para a sua empresa. As ameaças à sobrevivência econômica dela são tão reais que cada pressuposto de negócios em que você acredita será desafiado; cada vantagem competitiva que você gozou logo estará obsoleta.

É extremamente importante avaliar que em 1999 havia ainda uma alusão ao que viria a acontecer. Isso tem menos de 13 anos e a internet é hoje uma realidade que mostra claramente que a afirmação da década passada estava perfeitamente correta.

Frente a este fato, é possível afirmar que até mesmo o modelo de formação dos preços dos produtos sofreu alteração após a denominada era digital (**Tabela 2.1**).

---

5 PayPal é uma empresa de *software* que se tornou rapidamente um líder global em soluções de pagamento *on-line*, com mais de 153 milhões de contas no mundo todo. Disponível em 190 mercados, em 24 moedas em todo o mundo, o PayPal permite o comércio *on-line* global, possibilitando pagamentos em diferentes locais, moedas e idiomas, por meio de cartões de crédito, contas bancárias ou saldos de conta, sem divulgar informações financeiras.

Tabela 2.1 - Variáveis na formação de preço de um produto

Antes da internet	Depois da internet
Determinado por quem vende	Determinado por quem compra
Baseado na oferta	Baseado na demanda
Baseado no histórico de vendas	Baseado nas vendas do momento
Baseado nas características do produto	Baseado nos serviços prestados e no contexto embutido no produto
Varia de tempos em tempos	Pode variar de um momento para outro

Fonte: Candioto (2011). Adaptado de Gurovitz (1999) *apud* Pinho (2000).

Nessa perspectiva, pode-se aferir que a internet permitiu a emergência de novos atores e/ou que os atores tradicionais do setor turístico passassem a ser conhecidos em uma escala global, o que forçou a reorganização do setor por meio da *desintermediação* e *reintermediação*, uma vez que se transferiu o poder de negociação para os consumidores e fornecedores, ambos no extremo da cadeia produtiva e de valor (Almeida e Machado, 2010).

Hoje, a internet é um importante canal de distribuição para muitos produtos nos mais diversos setores da economia. "O *e-commerce*, como é chamado o comércio feito pela internet, já é responsável por quase 8% das vendas feitas no varejo no mercado do Estados Unidos" (Rocatto, 2008, p. 267).

O *e-commerce* disponibiliza ao consumidor mais informação sobre as características dos produtos e fornecedores, podendo este facilmente reunir detalhes e preços. Antes, levaria horas para que esse indivíduo conseguisse isso, e exigiria muitas visitas a diferentes estabelecimentos. A internet facilitou a comparação entre produtos e serviços, em especial no que se refere aos preços, ampliando, assim, as opções de escolha do cliente.

No turismo, este tipo de comércio teve seu início com as companhias aéreas americanas que criaram seus próprios sites de venda de passagens aéreas. Depois, foi a vez de os grandes sites de venda oferecerem diversos produtos turísticos. As chamadas agências de turismo *on-line*.

No Brasil, essa prática começou a ser mais discutida pelo setor quando, em 2001, a Gol entrou no mercado com o conceito *low cost-low fare* (baixo custo-baixa tarifa),[6] e não estava inserida em nenhum sistema de reserva tradicional, os GDSs. Diferenciando-se das demais concorrentes, a empresa lançou seu próprio site de vendas pela internet, obrigando inclusive as agências de turismo a utilizar esse canal para intermediar suas vendas.

Em março de 2000, a Decolar.com, empresa norte-americana fundada em 1999, iniciou suas operações no Brasil.

6 *Low cost-low fare* (baixo custo-baixa tarifa): trata-se do conceito em que uma companhia aérea oferece baixas tarifas, eliminando custos derivados de serviços tradicionais oferecidos aos passageiros. Teve origem nos Estados Unidos e popularizou-se na Europa durante a década de 1990. No Brasil, foi trazido pela Gol, no início do século XXI.

Em 29 de novembro de 2005, o Submarino S.A, empresa do Grupo B2W, líder no comércio eletrônico no Brasil, anunciou a aquisição de 100% do capital da agência de viagens TravelWeb Ltda. Em 2006, surgiu o Submarino Viagens.

Em novembro de 2011, a Saraiva, tradicional empresa no ramo de livrarias que possui vendas *on-line*, anunciou o lançamento da Saraiva Viagens, entrando também no mercado de *e-commerce* de turismo.

Dentro do universo das empresas de turismo *on-line* que atuam no país, a Decolar.com atualmente é a maior. Segundo sua assessoria de imprensa, é uma das multinacionais da América Latina que mais cresceu e contratou nos últimos anos. Possui 8 milhões de usuários registrados, com um tráfego anual de 38 milhões de visitantes e mais de 3 milhões de chamadas atendidas em sua central de atendimento, sendo o Brasil o país líder no *ranking* de faturamento da companhia, seguido pelo México e pela Argentina.[7]

> A Interactive Advertising Bureau (IAB) Brasil aponta o brasileiro como líder do *ranking* de permanência na internet, com 23 horas e 51 minutos por mês, o que representa três horas a mais que os franceses e quatro horas a mais que os norte-americanos. De acordo com um estudo divulgado em setembro de 2008, 7 milhões de pessoas têm o hábito de fazer compras pela internet no Brasil. O número representa 3,7% da população e levou o país a ser responsável pelo maior volume de compras, na internet, da América Latina e Caribe (Terra, 2011, p. 21).

Sabemos que, até bem pouco tempo atrás, os consumidores turísticos possuíam duas alternativas para a organização de sua viagem: diretamente com os produtores (hotéis, companhias aéreas etc.) ou por meio de uma agência de turismo.

Neste sentido, as agências de turismo sempre estiveram em uma chamada zona de conforto, uma vez que a maioria dos produtores estava geograficamente distante do consumidor final, e a comunicação existente não permitia uma avaliação fidedigna sobre a qualidade dos produtos e dos serviços. Isso mudou totalmente com a chegada da internet.

Para Almeida e Machado, a denominada era digital trará profundas mudanças para o setor da comercialização de turismo, principalmente para as agências.

Para esses autores, é importante que os empresários entendam a urgente necessidade de estarem "conectados", "plugados", "linkados" a tudo que acontece ao seu redor, principalmente no seu setor. Hoje em dia não é mais o maior que engole o menor, e sim o mais rápido que engole o mais lento (Almeida e Machado, 2010).

Esses mesmos autores elaboraram uma análise extremamente interessante sobre as mudanças que ainda ocorrerão para o mercado de turismo com a chegada da internet. Analisando as principais considerações desta pesquisa, podemos elencar os seguintes tópicos.

---

7 Em contato com a Bansen & Associados, assessoria de imprensa da Decolar.com.

Algumas mudanças no mercado que ainda ocorrerão com a internet[8]

- Os serviços web facilitarão a construção de pacotes individuais pelos clientes que terão o cruzamento de dados de diferentes serviços e empresas, tais como companhias aéreas, hotéis, locadoras de veículos.
- Os serviços web facilitarão o controle dos programas de milhagem por parte do cliente e estenderão a utilização para outros serviços aumentando ainda mais o interesse pelas empresas que oferecem pontuação.
- Os custos de distribuição dos fornecedores baixarão consideravelmente em consequência do aumento dos distribuidores não inseridos nos tradicionais GDS.
- Inclusão da tecnologia móvel (celulares, tablets e até TV interativa) exigirá ainda mais rapidez por parte das agências de turismo.
- Diminuição da diferença de preços disponíveis através de vários canais de distribuição. Os fornecedores compreenderão a importância de cada um dos canais em que está inserido.
- O aumento da disponibilidade de serviços turísticos através de *Web services* exigirá que os GDS repensem o seu modelo de negócio de comissões sobre transações, com o objetivo de converterem as suas bases de dados em novos canais de receitas.
- O crescimento da internet e a sua importância no aparecimento de mais serviços disponíveis *on-line* ditarão uma necessária redução de comissões.
- Os serviços web reduzirão a dependência dos agentes de viagens dos GDS no que toca às pesquisas, devido à disponibilidade de vendas diretas de serviços turísticos.
- Agentes de viagens preparados para assimilar e prestar serviços heterogêneos e produtos inovadores ganharão espaço no mercado.
- Haverá um aumento do número de agências de turismo *on-line*, proliferando as opções aos consumidores e, consequentemente, aumentando a incerteza, o tempo gasto em pesquisa e prorrogando a decisão de compra por parte do consumidor na aquisição de um produto ou serviço.

Para os agentes de viagem, é muito importante compreender também o que se altera no universo dos seus consumidores com a chegada da internet.

É certo que outras experiências poderão sugerir alterações futuras nessas afirmações, no entanto, estas podem, no momento atual, nortear as considerações que devem ser levadas em conta.

---

8 Dados adaptados de Almeida e Machado (2010, p. 32-5), com análise da autora.

Algumas mudanças no comportamento do consumidor com a internet[9]

- Possibilidade de redução do custo total das despesas de uma viagem através das variadas opções ofertadas na internet.
- Comportamento *self-service*, com o planejamento das viagens sendo feito pelo consumidor através das informações e canais de distribuição da internet, dispensando a necessidade de intermediários.
- Maior rapidez, interatividade, informação e comunicação com os produtores através de aplicativos nas tecnologias móveis.
- Comentário de um consumidor através da proliferação e abrangência das redes sociais poderá sugerir positiva ou negativamente novos consumidores sobre uma empresa, serviço ou destino.
- Maior exigência por parte do cliente devido ao acesso à informação.
- Grande quantidade de informação exige mais tempo do consumidor e gera mais incertezas sobre qual produto e/ou serviço lhe será mais adequado.

Diante da análise do desenvolvimento das novas tecnologias e do comportamento do mercado desde a proliferação da internet, Machado propõe, conforme se observa na **Tabela 2.2**, algumas correlações e previsões que, segundo o autor, de maneira geral, no futuro, serão benéficas às agências de turismo.

Tabela 2.2 - Os atores e o futuro da distribuição do turismo

Há 10 anos	• As companhias aéreas vendiam voos • As cadeias hoteleiras vendiam reservas de hotel • Os operadores turísticos vendiam férias em pacotes via agências de turismo • As agências de viagens vendiam serviços/produtos por meio de material impresso publicado por operadores • Apareceram as primeiras grandes centrais de reservas de hotéis • Os jornais e revistas publicavam reportagens sobre destinos e produtos locais e conseguiam, como contrapartida, fortes receitas em publicidade • Os poucos *sites* sobre turismo reviam textos e republicavam reportagens melhoradas colhendo receitas através de publicidade das empresas

(*continua*)

9 Dados adaptados de Almeida e Machado (2010, p. 32-5), com análise da autora.

Atualmente	• As companhias aéreas vendem voos, locação de veículos, meios de hospedagem • As cadeias hoteleiras vendem hospedagem e outros serviços diversos e sugerem *links* para compra de voos, locação de veículos etc. • Os operadores turísticos vendem diretamente ao consumidor pacotes, voos, hotéis, locação • Os jornais e revistas, além de notícia, também vendem voos, hotéis e locação • Os sites de turismo reveem notícias, vendem aviões hotéis etc.
Em curto prazo	• Os *websites* de turismo serão difíceis de diferenciar produtos e conteúdos idênticos. Operadoras passarão a inserir conteúdo para dar valor aos seus sites • Será difícil identificar o produto original que um *site* vendia. Sites de companhias aéreas, de cadeias de hotéis, locação de veículos não vendem tudo! • Encerramento dos sites menos competitivos e menos rentáveis • Os jornais e revistas eletrônicos terão de reduzir os investimentos e não aguentarão a concorrência dos operadores que inserirão conteúdo em seus sites. Encerrarão ou voltarão a sua origem • Nada de novo para os clientes, que voltarão a procurar o serviço dos agentes de viagem • Desenvolvimento de websites dos próprios destinos com conteúdos dinâmicos e interessantes, os quais, através de links ou pelos próprios meios, começarão a sugerir e a vender os produtos locais por vezes integrados em grandes GDS/CRS que patrocinarão os *sites* oficiais • Necessário reforço do contato com o cliente e respostas imediatas • Revisão de conteúdos e dinamização dos sites exigirá cada vez mais mão de obra especializada na área
Em longo prazo	• Alterações tecnológicas implicam grandes investimentos. Fim das páginas em HTML. Pleno uso de novas linguagens de programação e XML, integração de filmes, música, motores de busca nos próprios sites, televisão etc. • Os *hardwares* não aceitarão as novas ferramentas. Haverá necessidade de atualização e investimento • A falta de investimento implicará falta de competitividade e consequente perda de clientes • Viajar será sinônimo de experiências, implicando uma criatividade constante e mão de obra especializada • Receptivos e pequenos operadores serão extremamente importantes na descoberta de novas atrações e serão especialistas no destino/segmento, tendo um contato mais próximo com o produtor do que os sites • Só os grandes *sites* e operadores sobreviverão. Google, Amazon, MSN passarão a concorrer com os GDS e os portais de reserva. As enormes bases de dados e a tecnologia de ponta trazem-lhes vantagens • As companhias aéreas terão a sua principal fonte de receitas nos extras, não nos voos

Fonte: Machado (2010).

Diante do cenário futuro desenhado por Machado, podemos considerar que a coexistência das tradicionais agências de turismo com a internet, além de ser perfeitamente possível, é prevista.

Traduzindo essas tendências para uma esfera mais geral, sem focar tanto na atividade turística, vale observar o que aponta uma recente pesquisa internacional, sobre alguns aspectos do consumidor do futuro.

> Um estudo internacional recente aponta que as crises econômicas, o impacto de novas tecnologias e o amplo questionamento sobre a sustentabilidade de produtos e serviços foram determinantes para a construção de um novo consumidor global. Alinhado com questões essencialmente contemporâneas, esse consumidor pode ser plenamente traduzido pela tendência [...] da autenticidade. Estreitamente relacionada à redescoberta do convívio, uma reação avessa à onipresença da vida *on-line* e digital, a tendência revela-se na valorização dos bastidores do processo de produção. Em linhas gerais, os consumidores [...] se mostram cansados do anonimato das corporações multinacionais, ou seja, querem saber a procedência dos produtos; querem esmiuçar o trabalho qualificado que está por trás dos produtos (Al-Assal, 2012).

Nesta afirmação, vislumbramos que o que se fala sobre a grande ameaça que a internet representa para o varejo, na qual se inserem as agências de turismo, talvez esteja precisando ser avaliada com um pouco mais de cautela.

Não dá mais para aceitar os apelos e o lamento de alguns que ainda insistem em disseminar a ideia de que as agências de turismo vão desaparecer e que a internet vai eliminar o profissional etc.

Como há mais de uma década vem sendo amplamente explanado por diversos especialistas, pesquisadores e até mesmo profissionais, haverá uma necessidade de readequação por parte do setor. Isso já foi dito mais de centenas de vezes.

No entanto, não se tem ainda uma fórmula única que possa ser aplicada para a sustentabilidade de todas as agências da era digital, assim como também não existe ainda um caminho único que todas possam seguir em segurança. O caminho de cada empresa deverá ser criado segundo suas características, sua capacidade e o mercado no qual está inserida.

Atualmente, o mercado parece estar se moldando aos novos tempos. Neste momento, a sensação é mais de expectativa do que de medo. Isso é bom, pois faz com que as pessoas estejam mais atentas às possibilidades que surgem.

EXERCÍCIOS DE REFLEXÃO

1. Avalie as vantagens e desvantagens do *e-commerce* em relação às agências de turismo através da simulação de compra de alguns produtos turísticos pela internet e também em uma agência de turismo, sendo estes:

- passagem aérea São Paulo/Fortaleza/São Paulo;
- passagem aérea São Paulo/Roma/Paris/São Paulo (voando trecho Roma/Paris);
- somente hospedagem em qualquer hotel no Brasil ou no exterior;
- viagem à Escandinávia, com visita aos fiordes da Noruega.

Roteiro para pesquisa e análise

- Antes de iniciar sua cotação, escolha a data que pretende viajar para cada destino, o número de noites que pretende permanecer e as informações de hospedagem.
- Enumere antecipadamente quais seriam suas principais dúvidas sobre cada produto e quais informações precisaria ter sobre destinos, equipamentos, prazos e cancelamentos, e documentação.
- Ao final da pesquisa, descubra onde e como obteve a melhor oferta (segundo a entendemos neste capítulo) para cada um dos produtos cotados e estabeleça algumas conclusões que podem enriquecer a compreensão do assunto.

CAPÍTULO 3

O cliente mudou. Quem quer conquistar este novo cliente?

> Há três tipos de empresas: empresas que tentam levar os seus clientes onde eles não querem ir; empresas que ouvem os seus clientes e depois respondem às suas necessidades; e empresas que levam os seus clientes aonde eles ainda não sabem que desejam ir.
>
> Gary Hamel[1]

OBJETIVOS DO CAPÍTULO

- Analisar o comportamento e as características do novo consumidor turístico e suas expectativas em relação aos serviços turísticos e de agenciamento.
- Apresentar o perfil do consumidor turístico brasileiro e sua relação com o setor de agenciamento.
- Tratar a questão do aumento da demanda de consumidores turísticos que compõem as denominadas classes populares ou emergentes e as agências de turismo.
- Fazer uma abordagem sobre o mercado turístico de luxo.

Como já vimos, a internet trouxe mudanças consideráveis nos hábitos de consumo em todos os setores e mercados, inclusive no de turismo.

---

1 Gary Hamel é norte-americano, especialista em gestão. Fundador da Strategos, organização internacional de consultoria de gestão de empresa, com sede em Chicago.

As relações de consumo estão agora centradas muito mais na rapidez e na agilidade que outrora. Saber satisfazer o cliente em suas mais diversas necessidades se tornou algo bastante complexo para os agentes de viagem, uma vez que hoje o seu cliente possui um acervo de informações constantemente atualizadas na ponta de seus dedos.

Da mesma forma, as tecnologias, que antes eram exclusivas das agências de turismo, criaram interfaces com a internet, possibilitando ao cliente final reservar, consultar e comprar através das mesmas ferramentas usadas pelos profissionais do turismo.

CONHECENDO MELHOR O NOVO CONSUMIDOR TURÍSTICO

As alterações nos hábitos de consumo não advêm só do desenvolvimento da tecnologia. É inegável que a internet foi o que mais revolucionou esse comportamento; no entanto, se analisarmos com um pouco mais de cautela, perceberemos que esses hábitos mudaram porque a própria sociedade vem se modificando há tempos.

Algumas características do consumo, de um modo geral, são comuns a todos os produtos. O turismo, no entanto, bem como alguns outros produtos que envolvem a prestação de serviços, não representa apenas uma satisfação de se "obter" alguma coisa. Vai além disso, pois alcança a esfera social e psicológica do indivíduo, sendo que a satisfação do consumidor não depende única e exclusivamente da qualidade ou do preço do produto ofertado.

Para Featherstone (1995, p. 121), o consumo se modifica conforme as transformações ocorrem nos valores e nos processos de produção. A partir do momento em que a tecnologia acelera o processo produtivo de bens de consumo e intensifica a velocidade dos meios de comunicação, integrando o maior número de culturas em um tempo cada vez menor, tanto o processo de consumo quanto as necessidades do indivíduo se modificam.

O mundo contemporâneo é mais *fast food* do que há algumas décadas. Deseja consumir muito mais e mais rapidamente, como se fosse "tudo ao mesmo tempo e agora".

Outra questão que se pode observar é que o cliente de hoje preza muita mais pela personalização do que antigamente. A tecnologia da informação e a globalização como um todo fizeram com que as sociedades e culturas se aproximassem, dando a impressão de que tudo se tornou igual ou muito parecido.

O turista não compra somente o preço ou o que está incluído em uma viagem. Não compra só um hotel cinco, quatro ou três estrelas; não compra só um meio de transporte. Isso tudo faz parte dos elementos que o ajudarão a consumir uma experiência, que pode ser diferente para cada pessoa e depende muito de suas características e valores individuais.

Cada indivíduo detém uma expectativa diferente com relação a uma viagem ou a um destino. Sobre isso, imaginemos que uma pessoa possa ter o desejo de visitar Porto Seguro, principalmente por conta de suas praias, já outras desejem ir ao destino para aproveitar a vida noturna; partes, ainda, desejam conhecer sua arquitetura, e assim por diante. Uma coisa complementa a outra; no entanto, o desejo principal que impulsiona o turista para o destino é diferente.

Neste exemplo, imaginemos que o turista que é impulsionado a ir para Porto Seguro pela vida noturna seja um jovem estudante, e os outros, que vão por conta das praias, sejam um casal em lua de mel. Neste caso, os equipamentos para satisfazer as necessidades ou concretizar a experiência desses consumidores podem ser diferentes. Para o estudante, por exemplo, ficar em um hotel simples e barato no centro da cidade pode ser o mais adequado. Já para o casal em lua de mel, que vai em busca de praia e de tranquilidade, o mesmo hotel pode não ser o ideal.

O agente de viagem deve compreender que adequar equipamentos e serviços às expectativas e experiências do novo consumidor turístico é uma tendência e uma necessidade. Sobre isso, vale a observação feita por um dos maiores executivos do mercado turístico brasileiro: "nossas vitrines devem mostrar como podemos e quanto custa realizar a viagem do nosso cliente e não trazer imagens e informações sobre o destino".[2]

Isso quer dizer que, para uma agência de turismo, é mais importante destacar o seu verdadeiro produto, que é a facilitação do processo de consumir um produto turístico, e não o destino turístico em si.

Entender as mudanças do consumidor é imperativo para o bom desempenho e atendimento de um agente de viagens. Baseando-nos principalmente nas considerações de Featherstone (1995) e de alguns outros autores que tratam da questão, elencamos e discutimos algumas modificações nas características do consumidor turístico.

Está mais *imediatista*, ao contrário do que ocorria antigamente, pois havia um planejamento muito antecipado para a realização de viagens. Hoje em dia, o indivíduo se programa cada vez mais rapidamente. Isso pode ser atribuído ao reflexo sugerido pelo mundo atual. O cotidiano estressante, o caos das grandes cidades e a competitividade no mercado de trabalho imprimem uma sensação de urgência nas atitudes e decisões dos indivíduos. Vivemos em uma sociedade em que o "tempo livre" passou a ser mais escasso e, por isso, é muito mais valorizado como recompensa do que era no passado.

É mais *inclusivista*, o que quer dizer que admite novas possibilidades para o seu lazer. Antigamente, a diversificação de destinos turísticos e até mesmo de outros produtos era infinitamente menor do que hoje. O mercado vem criando em todos os setores produtos que outrora não faziam parte do rol de necessidades e desejos do indivíduo. No setor turístico, não aconteceu diferente.

Existe um leque muito grande de destinos "consumíveis" turisticamente. O interesse das localidades para os benefícios advindos com a atividade turística, aliado a campanhas de marketing, "colocam na prateleira" produtos diferentes, exóticos, fazendo com que o consumidor sinta o desejo de visitar lugares que, em outros tempos, poderiam não ser objeto de seu interesse.

---

2 Valter Petriani, durante palestra em Campinas, no Hotel L'Hirondelle, em 20 de setembro de 2009.

É mais exigente por possuir mais informação. O advento da internet e das telecomunicações de uma maneira geral proporcionou o acesso massivo à informação. No turismo do século passado, o consumidor brasileiro, por exemplo, contava com poucas publicações sobre os destinos turísticos e a pouquíssima informação que era trazida pela televisão ou ainda pelos relatos de amigos e parentes. De uma maneira geral, podemos dizer que a agência de turismo era uma das suas fontes mais confiáveis na hora de organizar uma viagem, escolher um hotel ou um destino. Isso não é mais assim.

Quando procura um agente de viagem, o cliente está em busca de informações que possam complementar tudo aquilo que ele já sabe ou ouviu dizer sobre um destino, sobre um hotel etc. Ele quer facilidade, segurança, preço e algo que o convença de que fará a escolha certa.

Vale aqui refletir sobre os vendedores que, no atendimento de um cliente em uma agência, ficam com suas faces voltadas muito mais tempo para a tela do computador do que para os olhos do cliente. Esquecem-se de que boa parte da informação que ele busca ali, o cliente provavelmente já sabe.

Requer satisfação personalizada, uma vez que a padronização do atendimento em serviços sugere um distanciamento das relações humanas. Esta característica pode representar uma excelente oportunidade para os agentes de viagem na concorrência com os sites de internet e com os *call centers* das grandes empresas de turismo, sejam elas *on-line* ou físicas.

O cliente não quer mais ser chamado de "o passageiro da poltrona de número..." ou então, "hóspede do apartamento tal". Quer ser reconhecido por suas diferenças e particularidades, quer ser chamado pelo seu nome. A cada dia, a necessidade de personalização faz com que empresas invistam mais em sistemas que promovam o Customer Relationship Management (CRM).[3]

Possui e utiliza novas maneiras de consumir. Aliado à informação e à personalização, deve-se entender que a facilidade na maneira de consumo também influencia o consumidor turístico contemporâneo. A internet (leia-se sites de venda, redes sociais, clube de compras coletivas, dentre outros) é sem dúvida uma ferramenta importantíssima de facilitação do consumo turístico, mas existem outros canais físicos que têm facilitado o consumo e a decisão de compra do consumidor. É o caso de lojas e agências de turismo que estão em *shopping centers*, postos de gasolina, supermercados etc., e que trabalham fora do horário convencional das agências de viagem tradicionais.

Além dos canais de distribuição, podemos avaliar como facilitação e novas alternativas de consumo as compras dos chamados créditos de viagem que algumas empresas oferecem; as listas de lua de mel, em que noivos deixam como alternativa para seus

3 Customer Relationship Management (CRM) é uma expressão que traduz a gestão de relacionamento com o cliente. Define todo um conjunto de ferramentas que otimizam as funções de contato com o cliente, compreendem sistemas informatizados e fundamentalmente a mudança de atitude corporativa, com o objetivo de criar e manter um bom relacionamento com seus clientes através do armazenamento e da utilização de informações sobre suas atividades, preferências e características, além do histórico de interação com a empresa.

convidados dar cotas para a compra de sua viagem de núpcias; as viagens personalizadas para um determinado segmento e que são oferecidas de maneira bastante inusitada, como é o caso das viagens de formatura, vendidas dentro de escolas por equipes treinadas na linguagem do consumidor final, neste caso, estudantes.

O cliente atual também *fragmenta mais as suas viagens, por ter um período mais curto de férias*. Salvo exceções, a realidade que se vê é que a maioria da população ativa possui um menor período de férias.

O avanço da tecnologia e o aumento significativo do tempo para o acesso de informações exigem uma maior rapidez e competência do profissional. Hoje em dia o lucro está muito mais relacionado à produtividade do que ao número de horas trabalhadas.

Como exemplo, podemos citar um médico que, quando se ausenta, seu consultório não produz ou gera receita. Esse profissional trabalha por produção. Da mesma forma que ocorre com o médico, outros profissionais e setores também estão trabalhando ou sendo remunerados por produção, o que tem condicionado de uma maneira natural as pessoas a se ausentarem menos tempo do ambiente de trabalho do que outrora.

Por esta razão, o formato das viagens também está se adaptando. Vale lembrar o que ficou conhecido entre os profissionais de turismo no Brasil como o "mico do milênio". No *réveillon* 1999/2000, esperava-se uma demanda muito superior aos anos anteriores, em virtude da virada do milênio.[4]

Por este motivo, muitos hotéis lançaram pacotes com estadia mínima de sete noites, com preços muito superiores ao que era normalmente praticado nesta época do ano. No entanto, o *réveillon* caiu no final de semana, fazendo com que as pessoas não tivessem um feriado muito prolongado. O resultado foi que muitos desses equipamentos adentraram o ano 2000 com uma ocupação muito abaixo do que esperavam. Na última semana do ano de 1999 houve uma estrondosa corrida dos meios de hospedagem, oferecendo tarifas baixas e vantagens, para tentar recuperar o cliente perdido com o equívoco da estratégia.

Está *mais consciente sobre a preservação do meio ambiente*. Isso é reflexo das grandes campanhas ambientalistas, do tanto que se fala em aquecimento global, das catástrofes naturais que observamos nos últimos anos, entre outros fatores. Por isso, a consciência do indivíduo contemporâneo em relação à preservação do meio ambiente está mais aguçada do que em outras épocas.

Isso fez com que a busca por ambientes naturais aumentasse sobremaneira. Segundo a Organização Mundial do Turismo (OMT), o chamado ecoturismo é o tipo de turismo que mais cresceu em números na última década.[5]

---

4 O que na verdade só ocorreria no ano seguinte, mas, por razões de percepção de senso comum, foi tratado como tal.

5 A Organização Mundial do Turismo (OMT) estima que 10% dos turistas em todo o mundo tenham como demanda o turismo ecológico. A World Travel & Tourism Council (WTTC) estima que o ecoturismo represente de 5 a 8% do turismo mundial, ou seja, o ecoturismo movimenta aproximadamente 170 a 272 bilhões de dólares.

Campanhas de sustentabilidade estão presentes em muitos equipamentos turísticos e nunca, no Brasil, houve tanta pesquisa voltada ao que se entende por turismo sustentável como tem ocorrido nos últimos anos.

Outra característica observada é que no mundo atual incide o *crescente poder de decisão das mulheres*. Sabemos o quanto a figura da mulher tem se destacado no mercado de trabalho em todos os setores da economia, isso não é mais assunto a ser discutido.

O fato importante de ser observado sobre o assunto nesta leitura, no entanto, é o quão importante se faz a mulher no momento da decisão de consumo. É comum observarmos, por exemplo, em uma propaganda de creme de barbear, a mulher sendo o alvo principal da mensagem. Isso porque pesquisas revelaram ser principalmente a mulher quem vai ao supermercado e decide pelo produto que levará para casa.

> As mulheres hoje são responsáveis, em média, por 66% das decisões de compra nos domicílios brasileiros [...]. Dos R$ 1,972 trilhão gastos anualmente com bens e serviços no Brasil, R$ 1,3 trilhão são decididos por elas, valor que transforma o país em um dos maiores mercados femininos do mundo (Salem, 2011).

A decisão da mulher com relação ao consumo de viagens é pautada pela disponibilidade da mesma. Estando no mercado de trabalho, é mais compreensível que a família viaje quando a mãe possa estar presente.

Com o aumento significativo das mulheres que trabalham, esta é uma característica que não pode deixar de ser levada em conta no momento da elaboração e da oferta de produtos turísticos.

Ao mesmo tempo, é impossível não comentar o *aumento da influência das crianças e adolescentes nas decisões de consumo*.

> [...] as marcas globais de maior visibilidade já são conhecidas por crianças de três anos de idade. 82% das mães latino-americanas afirmaram que seus filhos estão intensamente envolvidos na escolha de bolachas e chocolates [...] 66% afirmaram que pagam mais por marcas que os filhos pedem. No Brasil, 71% delas atendem às expectativas dos filhos.[6]

No turismo, este fato é observado quando analisamos uma operadora brasileira que desenvolveu uma marca forte, voltada essencialmente às crianças e adolescentes. Esta empresa cresceu muito em menos de uma década.

Os clientes de hoje *vivem mais* que os de algumas décadas atrás. Com os avanços da medicina, aumentou a expectativa de vida da população de maneira geral; em consequência disso, aumentou o número de pessoas da chamada terceira ou melhor idade.

---

6 Pesquisa revela que crianças exercem influência direta na hora da compra. Disponível em: <http://www.mundodomarketing.com.br>. Acesso em 25 jan. 2012.

Para Brezzo e Cobra (2010), a população mais idosa constitui um universo de consumidores que são fortes demandantes de produtos como turismo, *spas*, tratamentos anti-idade etc.

É importante que compreendamos as alterações das características dos consumidores de maneira geral. No entanto, se faz fundamental uma análise dessas mudanças e de seu comportamento no contexto brasileiro.

CONSUMIDOR TURÍSTICO BRASILEIRO

É fato que a economia brasileira vem se transformado significativamente, principalmente na última década.

> De acordo com dados do Banco Mundial, a economia do Brasil é a maior da América Latina e a sétima maior do mundo, após ultrapassar a Itália. Segundo o IBGE, o PIB do Brasil, em 2010, foi de aproximadamente R$ 3,7 trilhões, um crescimento de 7,55% em relação ao ano anterior, representando 35% de toda a riqueza produzida na América Latina.[7]

Sabemos que a economia brasileira passou por um longo processo de estagnação e inflação, principalmente durante a década de 1980, decorrente da crise da dívida externa que se abateu sobre todos os países endividados, em especial os da América Latina.

Após essa fase, o que merece ser ressaltado é a implantação do chamado Plano Real, em junho de 1994, que teve por resultado a drástica redução da inflação. Entretanto, sua concepção baseada em uma taxa de câmbio semifixa e supervalorizada, acompanhada de taxas de juros elevadas e forte ingresso de capitais estrangeiros, principalmente especulativos, estabeleceram seus próprios limites (Nakatani e Oliveira, 2005).

O Governo Lula (2003-2010) deu continuidade e caracterizou-se principalmente pelo controle da inflação, redução do desemprego e constantes recordes da balança comercial. Observou-se neste período o recorde na produção da indústria automobilística e o maior crescimento real do salário mínimo brasileiro.[8]

Obviamente que outros diversos fatores econômicos, políticos e sociais, internos e externos, contribuíram para construir o cenário econômico em que o Brasil se encontra hoje. Porém, o aprofundamento deste assunto não é nosso principal objetivo.

O importante para nossa leitura é discorrer sobre algumas influências que as mudanças ocorridas com a estabilização econômica e a atual imagem que o Brasil firmou no cenário internacional, exercem sobre o comportamento do mercado e do consumidor de turismo no país.

---

7 CVC. Formulário de Referência da Comissão de Valores Mobiliários (CVM) do Ministério da Fazenda. Disponível em: <htt://www.cvm.gov.br>. Acesso em 13 fev. 2012.

8 Disponível em: <https://conteudoclippingmp.planejamento.gov.br/cadastros/noticias/2011/3/4/lula-fica-na-19a-posicao-entre-presidentes-do-pais>. Acesso em: 13 fev. 2012.

A estabilização da economia fez com que o poder aquisitivo das classes populares aumentasse e, com isso, houve um significativo aumento da demanda por diversos produtos e serviços.

> A aceleração do crescimento econômico, o controle da inflação, a ampliação do crédito, a elevação da renda, o aumento real do salário-mínimo e a expansão dos programas sociais de transferência de renda estão reproduzindo no Brasil um fenômeno típico de sociedades avançadas: a criação de um mercado consumidor de massa, forte e cada vez mais complexo. Com isso, milhões de brasileiros têm aproveitado este bom momento da economia para ingressar na economia de mercado e experimentar, pela primeira vez, os benefícios do consumo (Ventura, 2010, p. 4).

Mesmo com o crescimento exponencial de consumo das classes populares, principalmente no turismo, ainda são poucas as empresas que exploram as necessidades e os desejos desse público, que muitas vezes é deixado de lado pelo mercado. Assim, juntamente à elevação de sua renda, cresce também a carência por produtos destinados a essas classes.

> No ano de 2010, ocorre uma grande mudança no perfil de consumo brasileiro. Pela primeira vez, a massa de renda das famílias de classe D superou a classe B, ficando atrás somente da classe C, que ainda mantém o maior potencial de compra do país (31%). Com ganho mensal entre R$ 511 e R$ 1.530, as famílias de classe mais baixa têm 381,2 bilhões de reais para gastar com produtos e serviços, enquanto que a classe média alta mantém um valor total de consumo em torno de R$ 329,5 bilhões.[9]

A tendência, segundo alguns especialistas, é que as empresas brasileiras despertem cada vez mais para a oportunidade de satisfazer os anseios e desejos deste novo tipo de consumidor. Isso já está acontecendo em diversos setores.

À medida que a renda familiar cresce, o perfil de consumo das famílias muda significativamente. Segundo uma pesquisa realizada pelo Instituto Brasileiro de Geografia e Estatística (IBGE), o consumo das classes C e D está sendo direcionado, principalmente, para a educação, saúde, comunicação, lazer, recreação, higiene, cuidados pessoais e produtos para o domicílio (Souza e Lamounier, 2010).

Isso reflete o que diz a famosa e tradicional teoria das necessidades (**Figura 3.1**), de Maslow, de 1943. Ela admite que, em princípio, as pessoas são motivadas para satisfazer um conjunto de necessidades segundo uma hierarquia de valores. Satisfeitas as necessidades básicas, o indivíduo vai em busca da satisfação das complementares para sua autorrealização. A música "Comida" do grupo Titãs, é uma das excelentes representações dos anseios da sociedade pós-industrial na década de 1980, e que hoje reflete o que ocorre com a ascensão das classes populares (Candioto, 2005): "A gente não quer só comida, a gente quer comida, diversão e arte [...]. A gente não quer só dinheiro, a gente quer dinheiro e felicidade [...]".

---

9 Disponível em <http://wp.clicrbs.com.br/respeitavelpublico/2010/08/09/classe-d-aumenta-seu-poder-de-consumo/>. Acesso em 13 fev. 2012.

Figura 3.1 – Pirâmide das necessidades de Maslow

Fonte: <http://www.techoje.com.br/bolttools/files/imagembo01(1).jpg>.

Nesta reflexão, podemos entender que atividades de lazer, recreação e turismo fazem parte do que se entende por necessidades complementares na Pirâmide de Maslow. Estão nos patamares mais elevados da pirâmide, compreendidos pelas necessidades de estima e autorrealização.

Desta maneira, entendemos que o aumento da renda familiar permitiu que as classes, outrora menos favorecidas, conseguissem suprir suas necessidades básicas, e querem agora satisfazer também suas necessidades de estima e autorrealização, onde se encontram o lazer e o turismo.

Uma pesquisa realizada em outubro de 2011, sobre os itens de compra que os brasileiros iriam adquirir no final daquele ano, revelou que *as viagens constituíram a primeira intenção de compra com 29% dos entrevistados, seguidas por roupas (26%), eletrônicos (25%) e livros (24%). Na América Latina, apenas o Chile, além do Brasil, colocou as despesas em viagens como prioritárias.*[10]

Analisando este quadro, somado às pesquisas de prognósticos efetuadas pelo MTur, é possível conjecturar que as perspectivas são positivas para o consumo de viagens e turismo no Brasil nos próximos anos. O posicionamento e as estratégias das agências de turismo devem estar alinhadas com este cenário.

A criação do Ministério do Turismo em 2003 foi um importante avanço para estreitar a relação entre os atores da indústria turística brasileira, como também destes com o Estado. De maneira geral, pode-se afirmar que o MTur vem sendo uma fonte extremamente importante de informação para o setor em suas mais distintas esferas.

Baseando-nos nas pesquisas do MTur, sobre os hábitos do consumidor turístico brasileiro em viagens dentro do Brasil, descobrimos alguns dados que acreditamos ser de extrema importância para o setor de agências de turismo no Brasil.

10 Disponível em: <http://www.br.nielsen.com/news/Holiday_Shopping_nov2011.shtml>. Acesso em: 13 fev. 2012.

Uma pesquisa do Ministério realizada em 2009 (MTur, 2009) revelou, conforme se observa na **Figura 3.2**, que, do total dos entrevistados, 67,3% se hospedaram em hotéis ou pousadas, e 22,7% em casa de parentes ou amigos. Os 10% restantes dividiram-se entre casas de temporada, chalés, *campings*, entre outras respostas.

Figura 3.2 - Onde o brasileiro costuma se hospedar

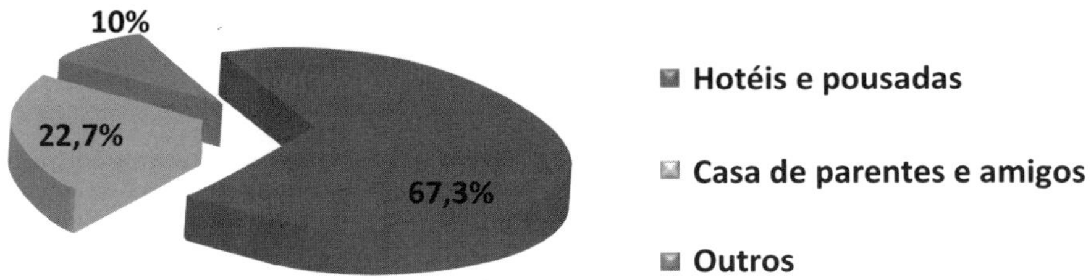

Fonte: MTur (2009). Adaptado pela autora.

Sobre o meio de transporte (**Figura 3.3**), a pesquisa mostrou que 41,8% viajaram de carro; 23,8% de ônibus ou van, 33,5% de avião. Apenas 0,9% utilizou outro meio de transporte para sua viagem.

Figura 3.3 - Meio de transporte utilizado

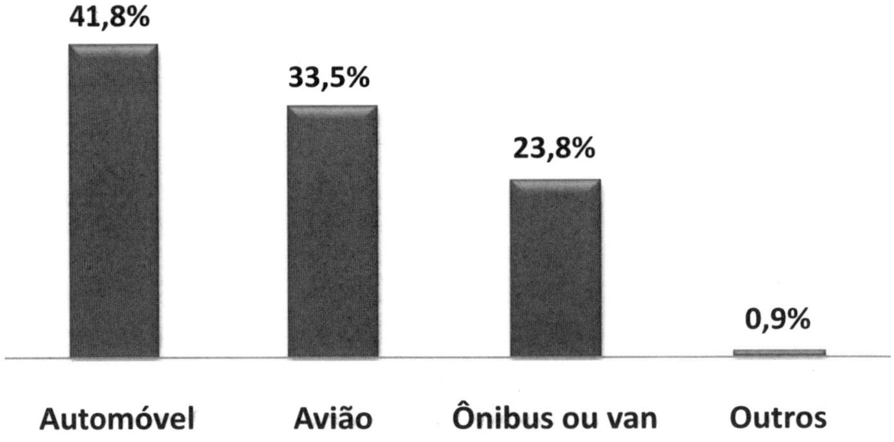

Fonte: MTur (2009). Adaptado pela autora.

Uma informação extremamente valiosa revelada pela pesquisa (**Figura 3.4**) foi que 79,5% dos turistas viajaram por conta própria, enquanto somente 20,5% viajaram por intermédio de pacotes turísticos.

Figura 3.4 - Modo como o brasileiro viajou

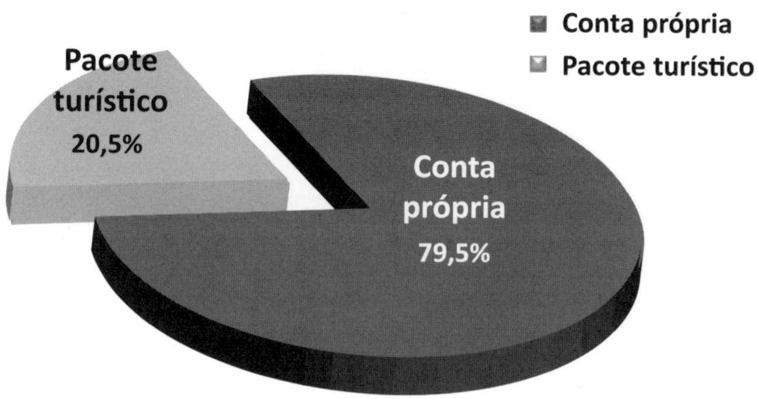

Fonte: MTur (2009). Adaptado pela autora.

Quando questionados sobre como negociaram sua última viagem as respostas foram (**Figura 3.5**): 47,7% negociaram por telefone, diretamente com as empresas de transporte e meios de hospedagem; 20,5% pela internet diretamente com os meios de transporte e hospedagem; 6,9% indo pessoalmente, diretamente com meios de transporte e hospedagem. Um total de 24,5% negociou a viagem através de uma agência de turismo sendo que, 20,5% fecharam negócio indo pessoalmente a uma agência e 3,9% por telefone (**Figura 3.6**).

Figura 3.5 - Porcentagem de brasileiros que utilizaram agências de turismo para negociar sua última viagem

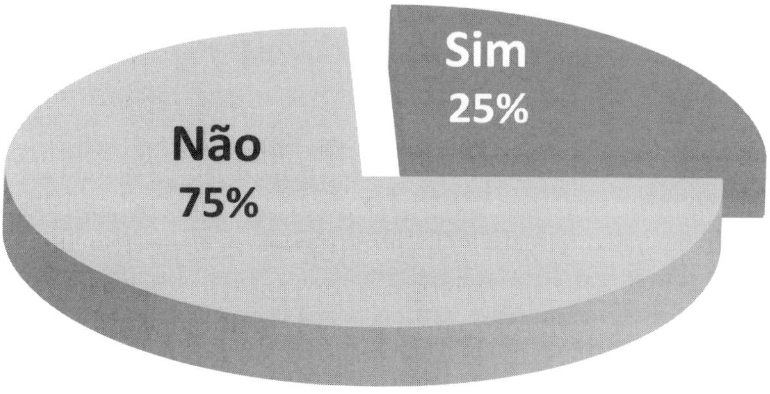

Fonte: MTur (2009). Adaptado pela autora.

Figura 3.6 - Modo como negociou sua última viagem

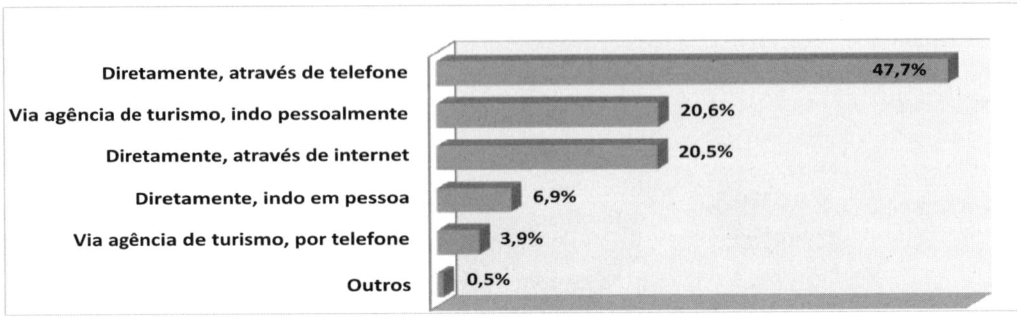

Fonte: MTur (2009). Adaptado pela autora.

Esses dados nos permitem estabelecer uma discussão sobre as agências de viagem e o consumo de turismo no Brasil.

Em primeiro lugar, vimos que boa parte dos brasileiros viaja por conta própria, sem utilizar um pacote turístico. No entanto, ao contrário do que muitos pensam, esses clientes utilizaram bastante os principais meios de transporte e de hospedagem que são comercializados pelas agências de turismo e fazem parte de sua oferta, dentre os quais destacam-se hotéis, pousadas e avião.

Interessante notar também que a maioria dos contatos feitos pelas pessoas que negociaram as viagens diretamente com os meios de transporte e hospedagem se deu, na maior parte, pelo telefone. Isso pode sugerir que, mesmo com os avanços do comércio de produtos turísticos pela internet, o contato humano ainda não foi superado.

A porcentagem de consumidores que efetivaram suas compras diretamente com os fornecedores através da internet (20,5%) é ainda menor que aquela composta pelas negociações efetuadas com o intermédio de uma agência de turismo (24,5%).

Desta maneira, podemos aferir que existe um universo muito maior de clientes que não se utiliza nem da internet nem das agências de turismo (47,7%).

Talvez as agências de turismo estejam se preocupando demais com a parcela que perdem para a internet e outros canais de distribuição, quando, na verdade, poderiam brigar para conseguir conquistar uma fatia de consumidores que não se utiliza de nenhum desses meios para negociar suas viagens.

Segundo o Mtur, as agências de viagem constituem um contingente que movimenta mais de 60 bilhões de reais por ano no Brasil. De 2003 a 2008, foram criadas 2.927 novas agências em todo o país.[11]

Quando pensamos que a demanda de consumidores das agências de turismo brasileiras corresponde somente a 25% do mercado real[12] de consumidores, levantado pela pesquisa, é possível afirmar que existe um nicho muito grande que ainda pode ser ex-

11 MTur, Turismo no Brasil 2010-2014. Disponível em: <http://www.turismo.gov.br>. Acesso em: 13 fev. 2012.

12 Esta porcentagem foi descrita apenas pelo universo de entrevistados que empreenderam viagens domésticas no ano de 2009.

plorado pelas mesmas. Talvez o que falte seja direcionar melhor as energias que estão empregando para conquistar e manter seus clientes.

Sabendo que entre as ações de planejamento e gestão do Ministério do Turismo, previstas para o período 2010-2014, estão o incentivo à formatação de novos produtos e serviços turísticos, com foco na segmentação e em novos nichos de mercado e o estímulo à promoção de pacotes turísticos que utilizem a aviação regional e o turismo rodoviário,[13] talvez este seja o momento propício para buscar outros mercados, desenvolver novos produtos e pensar diferentes formas de atuação e de distribuição com foco no cliente.

Talvez as agências de turismo precisem repensar seus modelos de atuação, principalmente aqueles voltados ao cliente para que suas ações estejam de acordo e mais próximas da realidade do perfil do consumidor brasileiro.

UMA GALINHA DOS OVOS DE OURO QUE NÃO MORA EM PALÁCIO

> A classe C não deve ser olhada como segmento, mas como o verdadeiro mercado de turismo no Brasil hoje.
>
> Renato Meireles[14]

Sabemos que o turismo compõe o universo das necessidades de autoestima e realização do indivíduo que, segundo a teoria de Maslow, são as que são satisfeitas após a realização das demais, consideradas prioritárias. Por esta inerente condição, a atividade sempre foi entendida como algo elitista.

Mediante o que observamos, as novas características do consumidor turístico aliadas à recente estabilização da economia brasileira, podem estar desenhando um novo cenário para a percepção dos indivíduos em relação às práticas turísticas, principalmente no Brasil.

Durante muito tempo, as viagens foram encaradas como algo possível somente para ricos. No decorrer das últimas décadas, vários fatores contribuíram para a mudança desta percepção, não só no Brasil como em todo o mundo.

Dentre alguns desses fatores, citamos a diminuição do denominado tempo livre, a sociedade que se transformou predominantemente urbana, o aumento da segurança dos meios de transporte; a popularização do transporte aéreo e, mais recentemente no Brasil, a facilitação do crédito para financiamentos. Estes e outros fatores vêm contribuindo

13 Mtur, Cenários de Projeções para o Turismo no Brasil 2010-2014, 2010.

14 Renato Meirelles. Diretor do Data Popular, instituto de pesquisa especializado na classe média brasileira, na palestra Tendências do Turismo, no Forum Panrotas, em 20 de março de 2011.

para que a distância que havia entre a prática turística e as classes mais populares diminua a cada dia.

Diante deste novo cenário, o mercado turístico também se volta para esta nova classe média brasileira. Apenas para ilustrar as novas oportunidades para o setor no primeiro semestre de 2011, os gastos de turistas brasileiros no exterior ultrapassaram os 10 bilhões de dólares, um aumento de 44,4% em relação ao mesmo período de 2010 (Macedo, 2011).

O número de consumidores vem aumentando. Por isso, vemos também aumentar a oferta de serviços e equipamentos turísticos voltados aos mais diversos segmentos do mercado e às distintas classes sociais.

As classes C e D são grandes apostas para o setor turístico. As facilidades de pagamento e a economia estabilizada propiciarão promoções cada vez mais elásticas e esses consumidores devem a cada dia seguir novos destinos de viagem.

Da mesma forma, as classes A e B devem continuar sendo trabalhadas, pois esses consumidores continuam viajando, buscando experiências diferentes e querendo pagar mais por algo exclusivo, único, personalizado e diferenciado do que é consumido pelas classes populares.

Desta maneira, podemos concluir que a dinamização do mercado é positiva, pois provoca o aumento e a diversificação da oferta, que se adapta aos variados tipos de clientes e suas rendas.

De maneira geral, compreendemos que, quanto mais caro for um produto, maior tende a ser a receita gerada para a empresa que o comercializa. Para se ter o mesmo lucro que se obtém com a venda de um carro de luxo, por exemplo, uma concessionária deve vender uma quantia muito maior de carros populares. Mas pensemos na frequência das vendas de um carro de luxo quando comparada à dos carros populares.

Este é o cerne desta discussão. Demonstrar que as agências de turismo também possuem "carros de luxo" e "carros populares" no seu "estoque" e, da mesma forma que as concessionárias, conseguem atender a esses dois tipos de clientes.

Por outro lado, se for do seu interesse, poderão optar em trabalhar somente com "carros de luxo", assim como uma concessionária da Ferrari, ou então focar suas vendas nos "carros populares". Tudo dependerá das características e dos objetivos da empresa e do mercado em que atua.

A segmentação vem sendo discutida como uma das principais tendências para a comercialização de turismo de uma maneira geral. No entanto, a maioria das agências de turismo no Brasil, é composta por pequenas e médias empresas que comercializam todo e qualquer produto turístico independente dos segmentos de oferta e de demanda. São chamadas de generalistas.

Neste sentido, observamos no decorrer de nossa trajetória profissional que a maioria das agências tende a não ter um foco preciso de mercado. Da mesma forma, notamos que muitos ainda continuam com a percepção de que somente produtos caros e clientes ricos merecem o seu esforço e empenho de conquista, numa ilusão de que somente estes é que podem fazer a diferença na sua receita.

No ano de 2004, ao participar de um evento do mercado em Campinas, interior de São Paulo, tivemos a oportunidade de ouvir uma palestra de um profissional que na ocasião estava ali para divulgar uma pousada de luxo em Angra dos Reis.

Após mostrar fotos maravilhosas e discorrer sobre todos os serviços de luxo que o empreendimento oferecia, o palestrante termina sua fala com uma frase no mínimo questionável: "Nós queremos clientes ricos. Quem de vocês da plateia quer clientes pobres?"

Para espanto, vimos que, pasme, nenhum agente de viagem presente ergueu a mão. É claro que isso pode ter acontecido por vários motivos, como receio ou timidez, entre outros. Porém, o fato é que nenhum dos empresários presentes mostrou interesse em ter clientes pobres, sendo por timidez ou não.

Numa outra feita, no ano de 2001, o Sabre, considerado um dos maiores distribuidores GDS do mundo, esteve no Brasil fazendo uma pesquisa junto a algumas agências de viagem. A intenção era verificar o interesse e a viabilidade de implementar no seu lote de fornecedores viações brasileiras de ônibus de linha regular. O Sabre é um sistema em que é possível se efetuar reservas em tempo real de hotéis, locadoras de veículos e principalmente companhias aéreas do mundo todo.

Na ocasião em que se participava da reunião com executivos do Sabre e alguns agentes de viagem, foi possível ouvir frases como: "Não quero minha agência transformada em balcão de rodoviária", ou ainda: "O comissionamento é muito baixo e não compensa", dentre outras observações.

Não se pode afirmar se esse foi o motivo que levou o Sabre a não levar o projeto adiante, pois o resultado nunca foi formalmente divulgado. O fato, no entanto, é que os agentes de viagem, na época, mostraram-se contrários a essa inovação e oportunidade que lhes foi sugerida.

Sobre isso, pedimos uma rápida reflexão. Este fato ocorreu há apenas uma década e, naquele momento, o transporte aéreo já se popularizava a passos largos. Aliás, foi no mesmo ano do início das operações da companhia aérea Gol, que a princípio introduziu o conceito de *low cost-low fare* (baixo custo-baixa tarifa) no mercado brasileiro.

Hoje, o transporte aéreo é algo extremamente diferente do que era há 10 ou 20 anos. Está se tornando um produto cada vez mais popular, conquistando, em consequência disto, clientes novos a cada dia, muitos deles, vindos sim, dos balcões de rodoviária.

Sobre este tema, Constantino Oliveira Júnior (2009), o atual presidente da Gol, advoga:

> [...] seguimos e continuaremos a seguir nossa vocação de estimular a popularização do transporte aéreo no Brasil, muitas vezes oferecendo a opção de voar pelo mesmo preço

da passagem de ônibus, além de oferecer também o Voe Fácil, que possibilita a compra de passagens em até 36 vezes.

A Gol entrou no mercado com o afã de trazer para si clientes que nunca tinham voado, aqueles que iam e vinham do Nordeste de ônibus, por exemplo. Conseguiu uma boa fatia deste mercado. Segundo Oliveira Júnior, 10% dos clientes da Gol são pessoas que jamais tinham posto os pés fora da terra firme (Oliveira Júnior, 2009).

Mesmo que hoje a Gol não ofereça mais tanta diferença nas suas tarifas quando comparada às outras companhias aéreas, é impossível não reconhecer a sua contribuição para a popularização do transporte aéreo brasileiro.

Sendo assim, será que com todas essas mudanças, não estariam hoje as agências de turismo vendendo passagens aéreas aos mesmos clientes que, segundo elas, poderiam transformar, num passado não muito distante, suas instalações em balcão de rodoviária?

Da mesma forma, será que aqueles agentes de viagem que assentiram com aquele palestrante de ricos, sem manifestar interesse em clientes pobres, não sofreram nenhum tipo de pressão ou concorrência quando a maior operadora turística do Brasil iniciou, na década de 1990, um processo de implantação de lojas próprias em todo o Brasil, com o posicionamento principal de oferecer viagens populares para as classes C e D?

Na mesma linha, empresas de outros setores da economia, que têm seu marketing focado nas classes populares, também passaram a oferecer produtos de turismo. Lojas Americanas, Casas Bahia, Carrefour, dentre outros, tentaram ganhar esta fatia de mercado.

É imperativo compreender que o mercado mudou, o cliente mudou, e que a galinha dos ovos de ouro não cisca mais no mesmo galinheiro.

A Vai Voando (<http://www.vaivoando.com.br>), uma plataforma criada para atender ao público de baixa renda que oferece facilitação no pagamento, estabeleceu uma parceria com uma agência RC Viagens, instalada na favela da Rocinha, no Rio de Janeiro. "Nada de comprovação de renda, nada de fiador, nada de consultas de serviços de proteção ao crédito. O objetivo é poder dizer sempre sim. Em três anos de operação, após a parceria, a RC Viagens registrou um aumento de 70% em suas operações."[15]

Neste sentido, é extremamente importante que as agências de turismo considerem também a possibilidade de focar esforços para atender o nicho popular que está em ascensão.

O que não pode acontecer é o setor demonstrar, num primeiro momento, que não quer vender passagens de ônibus e posteriormente querer disputar este mesmo cliente com as companhias aéreas. Por que isso? Só porque agora este cliente "voa"? Patético! Infelizmente é a realidade para algumas agências.

15 Disponível em <http://www.vaivoando.com.br>. Acesso em: 13 fev. 2012.

Uma nova parcela de clientes está emergindo em nosso setor. Isso é bom para as agências, é bom para o consumidor e é bom para o Brasil.

O poder aquisitivo das chamadas classes C e D está maior. Ou seja, o poder de compra da chamada classe média está maior. Isso significa novos clientes para todo mundo.

De maneira generalizada, pode-se dizer que a divisão por classes sociais significa uma espécie de arranjo hierárquico entre os indivíduos de uma sociedade. É a diferenciação entre indivíduos e grupos, segundo suas posições dentro da sociedade, conforme sua renda, sua profissão, seu poder político etc.

Segundo Blackburn (1997, p. 61):

> *Classe social* é a classificação que divide uma sociedade em subconjuntos, definidos em termos de *status*, privilégios, renda, lugares nos processos de produção econômica, acesso ao poder e à autoridade e, às vezes, da identificação de si mesmo que um indivíduo faz nestes termos.

No Brasil, pesquisas por órgãos como o IBGE e a Associação Brasileira de Pesquisas (Abep), baseados no Critério de Classificação Econômica Brasil (Critério Brasil), são os que orientam a definição das classes sociais.

Atualmente, no Brasil, as classes sociais dividem-se, por renda mensal, conforme a **Tabela 3.1**.

Tabela 3.1 - Definição das classes econômicas no Brasil em renda mensal (R$)

Classe social	Renda mensal de (em R$)	Renda mensal até (em R$)
Classe E2	0	420
Classe E1	420	705
Classe D2	541	802
Classe D1	802	1.126
Classe C2	1.888	4.854
Classe C1	4.854	4.902
Classe B2	4.902	6.329
Classe B1	6.329	9.366
Classe A2	9.366	-
Classe A1		

Fonte: Candioto (2011). Adaptado de Neri, *Revolução do Mercado em Benefício do Consumidor. CPS e EPGE*. Rio de Janeiro: Fundação Getulio Vargas, 2011.

Uma pesquisa realizada pela Fundação Getulio Vargas (FGV) revela que, do início de 2003 até maio de 2011, 48,7 milhões de pessoas entraram nas classes A, B e C no Brasil, quase a população da Espanha, um crescimento de 47,94%. Somente na classe C foram 39,5 milhões de novos integrantes no período, um aumento de 46,57%. Paralelamente, 24,6 milhões de pessoas deixaram a classe E, queda de 54,18%, e 7,9 milhões, a classe D, recuo de 24,03%, o que mostra que a desigualdade entre as classes sociais no Brasil vem diminuindo (Gasparin, 2011).

Este quadro mostra que o poder de compra das então antes denominadas classes menos favorecidas, aumentou. Consequentemente o seu desejo de consumo também.

Apesar do significativo crescimento do Produto Interno Bruto (PIB) nos últimos anos e do aumento da renda *per capita*, o Brasil ainda encontra-se aquém de países desenvolvidos como França, Alemanha, Grã-Bretanha e Estados Unidos no que se refere aos gastos com consumo, principalmente com itens de lazer.

Os gastos com turismo no Brasil correspondem a apenas 1,9% do PIB *per capita*, contra 5,3% na França e 5,4% na Alemanha, sinalizando considerável oportunidade de crescimento do setor de turismo no Brasil, principalmente com o aumento do consumo das famílias brasileiras que tem crescido acima de 4% ao ano desde 2005.[16]

O que antes era considerado supérfluo para uma grande parte da população brasileira, agora é encarado como uma possibilidade, ou, por que não dizer, como uma necessidade que outrora não fazia parte de seu rol de consumo. O turismo e o lazer fazem parte desses desejos. Sobre isso, Monteiro (2011) reflete que:

> Muito se fala sobre o consumidor emergente, mas poucas empresas conseguiram entender os seus valores, desejos e necessidades. A baixa renda não compra mais apenas o que é necessário, mas também mostra interesse em adquirir produtos e serviços aspiracionais. O que antes era um sonho distante passou a ser visto como uma meta ao alcance de todos e, por isso, o esforço para obter o desejado é maior. Esta é a oportunidade para as empresas que souberem direcionar seu foco para este público.

Por isso, usamos a afirmação que a galinha dos ovos de ouro está ciscando em outros galinheiros. Talvez, tenhamos de aprender a colher ovos menores e mais vezes ao dia.

Em outras palavras, as agências de turismo que pretendem conquistar este novo cliente terão de oferecer produtos que atendam às suas necessidades, que vão muito além de serem apenas produtos mais baratos e viagens mais curtas. Não é possível generalizar ou relegar a importância da qualidade na prestação de serviços a este novo consumidor. O que se pode afirmar é que é preciso compreender como este cliente se comporta e o que ele espera de uma agência de viagem.

Para Renato Meirelles (2011), o primeiro passo para que as empresas tenham sucesso com este novo tipo de cliente é quebrar os seus próprios preconceitos.

> Muitas vezes, o consumidor emergente é alvo do discurso moral da elite. Se compra produto pirata, não tem noção de propriedade intelectual. Mas se investe todo o salário em um produto de marca original, é alienado e fútil. Para acabar com o preconceito, as empresas precisam ensinar o consumidor a usar o crédito a seu favor e fazer a escolha do melhor preço, valorizando o processo de compra.

16 CVC. Formulário de Referência da Comissão de Valores Mobiliários (CVM) do Ministério da Fazenda. Disponível em: <http://www.cvm.gov.br>. Acesso em: 13 fev. 2012.

É extremamente importante avaliar esta questão. Nunca julgar o cliente. Este é um erro que alguns vendedores de agências de turismo ainda cometem. Acreditam que o seu cliente não tem condições de comprar o que está sendo oferecido por julgá-lo por sua aparência ou, pior ainda, quando compara o poder de compra do mesmo com o do seu próprio bolso.

Nunca se sabe quanto dinheiro o cliente tem no bolso, tampouco quanto ele está disposto a gastar, independente do carro que ele chega, da roupa que ele usa ou do lugar em que ele mora.

Certa vez, no atendimento de um cliente em uma agência de turismo, foi possível vivenciar algo semelhante. Um casal estava à procura de uma viagem de três dias para sua lua de mel. Ele era auxiliar administrativo em um escritório de contabilidade e ela, vendedora de uma loja de departamentos de eletrodomésticos. A soma de ambos os salários não chegava a 1.800 reais, por isso buscavam algo em torno de mil reais, desde que pudessem parcelar.

Após oferecer algumas opções, ficou nítida a decepção do casal com os produtos que cabiam no seu orçamento. Neste momento, o vendedor decide mostrar um hotel resort, padrão cinco estrelas em Angra dos Reis, que oferecia o que se entende por sistema *all-inclusive.*[17] O valor deste produto custaria simplesmente o dobro do valor que eles tinham a intenção de pagar; no entanto, quando olharam as imagens do hotel, descobriram que ficariam em um hotel cinco estrelas, com uma praia praticamente deserta e com todas as refeições incluídas, decidiram fechar na hora, mesmo tendo um valor muito superior ao que esperavam.

Por que isso aconteceu? Se analisarmos o que disse Meirelles, perceberemos que neste caso, o vendedor valorizou o cliente, valorizou a importância de sua lua de mel. Depois disso, o preço não foi o mais importante, porque "alguém" (neste caso o vendedor) lhes mostrou que ele poderia e merecia se hospedar em um hotel cinco estrelas.

Segundo Meirelles (2011), "para os emergentes, consumir vai além. É sentir-se incluído, ter a chance de esquecer o passado de pobreza e vislumbrar um futuro promissor".

A pergunta, no entanto, é: quantos vendedores de agências de turismo ofereceriam um *resort* cinco estrelas a um casal com uma renda mensal familiar de 1.800 reais?

Para Macedo (2011):

> Apesar de possuírem renda inferior às classes A e B, estas pessoas não deixam de consumir as melhores marcas de serviços e produtos. Com as ofertas de parcelamento de pacotes turísticos, a "nova classe média" está sendo atraída para experiências que antes não faziam parte de sua realidade [...].

Talvez este possa ser um diferencial que não seja levado em conta por muitos empresários. Imaginemos este mesmo casal tentando comprar esta viagem pela internet. Será que teriam comprado com a mesma convicção e acerto com que fizeram na agência de turismo?

---

17 *All-inclusive* (tudo incluso) é o nome dado ao sistema de hospedagem que inclui um mínimo de três refeições diárias, lanches e petiscos 24 horas, refrigerantes, a maioria das bebidas alcoólicas, gorjetas e, eventualmente, outros serviços no preço da diária.

Sobre isso, Meirelles considera que *o consumidor das classes C e D* ***não pode errar***.

Ao contrário daqueles que estão acostumados a viajar e costumam comparar preços seja em internet ou em outros canais de distribuição, cada vez mais, o cliente de baixa renda necessita de segurança para não correr o risco de investir o orçamento apertado de forma errada. Isso também pode ter sido o que levou o casal humilde a decidir pelo hotel cinco estrelas.

Neste sentido, percebemos que além de constituírem uma significativa e crescente demanda para as agências de turismo, esses clientes necessitam mais de segurança no momento de investir o seu dinheiro, do que os das Classes A e B. Isso é muito bom para as agências de turismo no que toca à concorrência pelas compras através da internet.

PARA ALGUNS, MUITAS COISAS NÃO TÊM PREÇO! PARA ESTES EXISTE...

Embora tenhamos enfatizado a importância das classes C e D como um novo mercado emergente para produtos turísticos, vale igualmente ressaltar que também tem tido um crescimento bastante significativo a parcela de consumidores das classes A e B (**Figura 3.7**).

Segundo Asmann (2011), conforme os equipamentos vão se tornando acessíveis às camadas mais populares, os clientes que compõem as classes A e B buscam novas alternativas e opções. Assim, a classe B passará a desejar e consumir o que antes era destinado à classe A; a classe C, o que era da classe B, e assim sucessivamente.[18]

O crescimento da economia brasileira não só impulsionou as classes C e D, mas também abriu espaço para o surgimento dos chamados novos-ricos.

> A quantidade de milionários brasileiros registrou alta de 5,9% em 2010 ante o ano anterior, atingindo a marca de 155,4 mil pessoas com fortuna de pelo menos um milhão de dólares no país, de acordo com o levantamento do Merrill Lynch Global Wealth Management e da consultoria.[19]

FIGURA 3.7 – Projeção do crescimento de milionários no Brasil

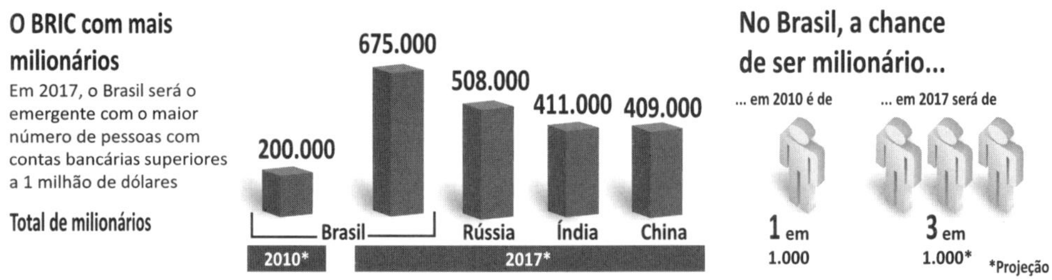

Fonte: <http://veja.abril.com.br/190510/popup_economia1.html>.

18 Ralf Asmann, diretor comercial da Emirates. Palestra ministrada no IV Seminário Aviesp, no The Royal Palm Plaza Hotel, Campinas, em 28 de novembro de 2011.

19 Disponível em: <http://www1.folha.uol.com.br/mercado/934038-numero-de-milionarios-cresce-59-no-brasil-e-atinge-1554-mil.shtml>. Acesso em: 10 jan. 2012.

Isso mostra que para as agências que trabalham com o mercado de luxo ou ainda, para aquelas que pretendem trabalhar com o segmento das classes A e B, também incide um número maior de consumidores potenciais.

Para esses clientes, os denominados "pacotes" não serão mais satisfatórios, tampouco os destinos tradicionais dentro ou fora do Brasil. Segundo relato de Tereza Perez (2009), uma agente de viagens que apostou no nicho desta clientela já em 1991: "'Meu cliente já conhece bem as principais capitais do mundo'", conta a empresária, '[...] Preciso surpreendê-lo'".

Uma agente de viagens especializada em turismo gastronômico voltado à classe A afirma que "desde 2009 até 2011, posso dizer que aumentei cinco vezes o meu número de clientes". Segundo essa profissional, mesmo sendo a maioria dos seus clientes pessoas envolvidas intimamente com a gastronomia, observou que houve um aumento de número de clientes novos que, pelo alto poder aquisitivo, buscaram pelos seus serviços.[20]

O que é possível observar em comum, nas empresas voltadas à classe A, é a exclusividade e a personalização dos produtos que comercializam com experiências inovadoras e exclusivas, voltadas a este público.

Karen Weiner Escalera (2012), especialista em turismo de luxo, desenhou algumas tendências para o consumo desses produtos nos próximos anos que envolvem, dentre outros aspectos:

- O retorno de valores tradicionais e tempo qualitativo com a família e amigos.
- *Status* pelo conhecimento, e não pela ostentação.
- Valor, e não preço, será o fator-chave na hora da compra, A questão agora é o apelo racional (investimento, qualidade, valor de marca) e emocional (paixão, oportunidade, tendência, experiência e exclusividade).
- Mesmo em tempos de tecnologia dominante, esses consumidores buscarão cada vez mais, o apelo aos sentidos – visual, auditivo, olfativo, gustativo e tato.
- O mercado está menos definido por comportamento. Isso criou um grande número de oportunidades de *marketing* de novos nichos e micronichos. Na área de turismo, por exemplo, existem tendências como o turismo de animais de estimação, cinematográfico, feminino, de solteiros. As "vilas tribais" são comunidades *on-line* onde pessoas podem dividir seus interesses, como o Facebook, Twitter, Foursquare, LinkedIn, entre outras.
- O consumo consciente trouxe consumidores influentes que gostam de saber que suas compras podem ajudar, de alguma forma, comunidades carentes ou beneficiar o planeta.
- Criatividade é a nova moeda de troca. Os consumidores desejam produtos únicos e individualizados e que seus amigos não tenham. Além disso, mais e mais consumidores querem criar e desenhar seus próprios produtos.

---

20 Daniela Hispagnol, em entrevista à autora em 18 de janeiro de 2012.

Outra observação feita pela especialista é que turismo de luxo não combina com a internet. Para ela,

> [...] o luxo não é apenas um produto, é uma experiência. Os consumidores precisam ver e sentir com seus próprios olhos e mãos. Eles querem serviço de primeira classe, toques personalizados e *design* único que seja indisponível em outros lugares. Isso faz a necessidade de um "ponto de contato" e é precisamente por isso que lojas de varejo têm sido essenciais para uma marca de luxo. Não é um *feeling* que possa ser transmitido *on-line* (Escalera, 2012).

O céu não é mais o limite

Uma novidade que a princípio e, por algum tempo ainda, atenderá somente à mais alta escala dos viajantes de luxo é o anunciado turismo espacial.

Para o ano de 2012, a Virgin Galactic se propôs a começar as viagens turísticas ao espaço. Trata-se de um voo suborbital (não sairá da órbita terrestre) onde os turistas poderão experimentar a sensação da gravidade zero. Mesmo sem ter ainda a confirmação se isso será ou não uma realidade, algumas agências de turismo, selecionadas para comercializar essas viagens, já estão preparadas e têm uma longa lista de clientes além das 475 reservas existentes.

> Sir Richard Branson, dono e fundador da Virgin Galactic, indicou que a primeira viagem com turistas a bordo – ele e sua família – poderia ser feita no fim do ano de 2012 ou no início de 2013. [...] Interessados poderão comprar um bilhete para o primeiro ano de operação, por U$ 200 mil dólares ou uma passagem para o segundo ano, mediante um depósito de U$ 20 mil dólares e pagamento do restante quando houver a confirmação do voo.[21]

Muito embora somente algumas seletas agências de turismo estejam comercializando este tipo de viagem, como as norte-americanas Alpine Travel of Saratoga e a Rubinson Travel, os envolvidos revelam que os custos da pesquisa e do desenvolvimento de um projeto deste porte são sempre mais altos no início, mas, à medida que vão sendo compensados, em alguns anos o preço cairá.

Independente de ser dentro ou fora da Terra, toda viagem de luxo deve ser pautada por: exclusividade, facilidade, conforto, excelência, estética, experiência e ética.

Não existe ainda um conceito padrão e definido para "luxo". "A noção do que é luxo muda de acordo com as culturas, com o padrão e os desejos de cada época. [...] Luxo pode ser ir à Lua, ou ficar sozinho em uma ilha. Pode ser subir ao topo do mundo ou circular pelo Louvre sem empurrões [...]" (Andrade, 2012).

A percepção do que é luxo é muito particular e, ao mesmo tempo, multifacetada. "Cada vez mais, o luxo estará associado à autogratificação e não mais à autoafirmação ou ao exibicionismo", passa a ser algo que satisfaz uma necessidade emocional (Barone, 2005).

---

21 Disponivel em: <http://www.estadao.com.br/noticias/vidae,a-conquista-do-turismo-espacial-em-2012,827075,0.htm>. Acesso em: 26 jan. 2012.

No Brasil, por exemplo, uma determinada marca de cachaça nacional pode ser comprada em qualquer supermercado por aproximadamente 15 dólares a garrafa. No entanto, a mesma cachaça, como integrante de um coquetel que é vendido exclusivamente no bar Skyview do Hotel Burj Al Arab, em Dubai-UAE, pode ser consumida por nada menos que 2.800 dólares americanos. Achou caro? A título de curiosidade, o coquetel mais caro do mundo custa nada mais de 55 mil dólares a taça. Encontrado no bar Harvey Nichols, em Manchester (Inglaterra), esse coquetel traz consigo, no lugar da azeitona, um anel de diamantes.[22]

Esse exemplo demonstra que a experiência na maneira de consumo é que pode efetivamente influenciar o preço de um produto. Quanto vale a gratificação pessoal do indivíduo? O fator da exclusividade, da experiência, da estética e da autogratificação no consumo desses itens pode nos aproximar mais da compreensão do que se entende por luxo.

É necessário aos profissionais que trabalham com turismo saber um pouco mais sobre o mundo do luxo. Mesmo que este possa não ser o seu próprio mundo, quando se trabalha em turismo, as chances de se ter contato com o universo do luxo é muito grande, seja em forma de cliente, produtos ou serviços turísticos.

Sendo assim, diante do que descobrimos sobre as viagens de luxo, podemos acrescentar: para alguns, muitas coisas não têm preço! Para estes, existirá sempre um agente de viagem capaz de entendê-lo e satisfazê-lo.

EXERCÍCIOS DE REFLEXÃO

- Através de leituras complementares que tratem as questões da sociedade pós-industrial e da chamada era digital, responda por que o novo consumidor turístico é mais imediatista e a sociedade contemporânea é mais *fast food* que outrora.
- Analise: "A classe C não pode errar no momento de investir". Você concorda com essa afirmação? Enumere alguns motivos para justificar a sua resposta e relacioná-la com o consumo de viagens turísticas e o setor de agenciamento.
- Busque mais informações que possam aprimorar o seu conceito sobre "luxo" e estabeleça uma relação com o que é disponibilizado atualmente no mercado turístico.

22 As coisas mais caras do mundo. Disponível em: <http://cybervida.com.br>. Acesso em: 25 jan. 2012.

CAPÍTULO 4
O mercado não é estático. Quem vai se mover com ele?

> Não faz sentido olhar para trás e pensar: devia ter feito isso ou aquilo, devia ter estado lá. Isso não importa mais. Vamos inventar o amanhã, e parar de nos preocupar com o passado.
>
> Steve Jobs

OBJETIVOS DO CAPÍTULO

- Discorrer sobre as fontes que geram receita para as agências de turismo no Brasil, frente à desintermediação e à redução das comissões pagas pelas companhias aéreas.
- Tratar a questão dos canais de distribuição de produtos turísticos, sua influência e relação com as agências de turismo.
- Avaliar e discutir o impacto das compras coletivas no setor de agenciamento de viagens no Brasil.

MUDANÇAS NOS PROCESSOS DE REMUNERAÇÃO DAS AGÊNCIAS DE TURISMO

É de conhecimento comum as significativas alterações que vêm sofrendo os canais de distribuição de produtos e serviços turísticos.

As novas tecnologias, aliadas aos investimentos de grandes empresas do setor, como também de empresas de outros setores que decidiram apostar no mercado de viagens, vêm delineando um cenário cada vez mais competitivo para as agências de turismo.

No entanto, a maior discussão no *trade* turístico toca ainda a comercialização do transporte aéreo, principalmente por este ser considerado um dos principais produtos das agências de turismo.

Durante muito tempo, as companhias aéreas tiveram nas agências, operadoras e consolidadores seus principais canais de distribuição. As agências de turismo recebiam uma comissão que girava em torno de 9 a 10% do valor de sua tarifa.

Porém, no ano 2000, a Portaria do Departamento de Aviação Civil (DAC) nº 676/2000 definiu que a remuneração das agências de turismo na venda de passagens aéreas era de natureza contratual, ou seja, seria um acordo não regulamentado entre companhias aéreas e agências de viagens, deixando de ser obrigatório o pagamento de comissão. Essa situação desencadeou uma imensa discussão entre entidades de classe, companhias aéreas e agentes de viagem.

O fato é que depois disso foi necessário descobrir alternativas para a manutenção da receita das agências de viagem uma vez que vislumbrava-se o comissionamento zero das companhias aéreas.

Desta maneira, foi criada a chamada *taxa – DU*, que, resumidamente, seria uma taxa de serviço que o agente de viagem cobraria para revender passagens aéreas das companhias ou seja, quem passaria a pagar pelo serviço do agente seria o cliente, e não mais o fornecedor.

Seguindo uma tendência já operada em mercados internacionais, as companhias aéreas brasileiras adotaram um novo formato de pagamento da remuneração dos bilhetes aéreos, tornando os serviços, adquiridos pelo usuário final, mais transparentes. Desta forma, o valor destinado à taxa – DU é indicado no próprio bilhete junto à taxa de embarque e será representado com a sigla DU, ou a identificação "Repasse a terceiros".

Sobre a taxa – DU:

1) Incidirá em todas as vendas efetuadas na central de reservas e em todas as lojas das companhias aéreas, nas agências de viagens e nas lojas de aeroporto.

2) A remuneração da taxa – DU é de 10% (dez por cento) do valor da tarifa ou R$ 30,00 (trinta reais), considerando sempre o maior valor. Para vendas com cartão de crédito, o repasse será feito posteriormente pela companhia aérea.

3) Incide individualmente sobre as vendas de passageiros Adultos (ADT) e Crianças (CHD). Não há cobrança de passageiros Infantis (INF).

4) Não é endossável nem reembolsável, em caso de reembolso da tarifa, cancelamento ou alterações.

5) Em casos de remarcação, substituição, reitineração ou reemissão, incide sobre o valor total da nova tarifa, respeitando as regras tarifárias.

Após a implementação da chamada taxa – DU, os clientes sabem exatamente o valor que estariam pagando pelo serviço do agente de viagem, o que, para muitos, significa uma redução de clientes, já que para compras efetuadas diretamente nos sites da companhia aérea, não existe esta taxa, uma vez que se entende que não há prestação de serviço.

Sobre isso, vale a observação de Carlos Alberto Ferreira, ex-presidente da Abav Nacional:

> [...] estamos negociando incansavelmente com as empresas aéreas a fim de igualar as tarifas de forma que o preço disponibilizado no site seja o mesmo que o dos agentes, já acrescido do valor da DU, mas o discurso é sempre o mesmo: a cobrança no site não é realizada pelo fato de não haver prestação de serviço. Então eu pergunto: Qual o investimento mensal para se manter um site? Quem disponibiliza as ofertas? Quem faz a manutenção dos mesmos? Quem faz o atendimento *on-line*, disponibilizados pela maioria das empresas aéreas em seus sites para auxiliar os internautas nas dúvidas que surgem? E o atendimento ao passageiro que compra a passagem no site e depois quer cancelar, remarcar ou fazer qualquer alteração? É feito por uma máquina? Óbvio que não. É um ser humano, e isso caracteriza a prestação de serviço .

Mesmo com toda essa discussão, os valores para compras efetuadas diretamente nos sites das companhias continuam sendo menores que os praticados pelas agências de turismo e sites de distribuição de turismo.

O importante é compreender que não adianta mais esperar que tudo volte a ser como antigamente. No entanto, a atual luta das entidades ligadas ao setor, é para igualar os valores das passagens aéreas, independente de serem adquiridas por meio de agência de turismo ou site de companhia. Alguns defendem até que o comissionamento zero seria mais producente que a aplicação da taxa – DU nos bilhetes comercializados pelas agências.

Sobre este assunto, acredita-se que haverá uma adequação no mercado por parte do cliente que terá opção em utilizar ou não um serviço do agente de viagem. Por isso, os agentes de viagem devem investir na qualidade da prestação do serviço, buscando cotidianamente alternativas e ferramentas que agilizem e agreguem valor à sua função.

Segundo alguns profissionais da área da consolidação, a redução do comissionamento se deu para cortar os custos das companhias aéreas. Para eles, as companhias não estão dispostas a negociar com intermediários, mas também não descartam a importância do agente de viagem e principalmente dos consolidadores. Segundo uma empresária da consolidação: "Ainda somos necessários, mas, para que continuemos com o nosso peso para as contas da companhia aérea, está sendo exigido um bom regime administrativo. Acredito que já estejamos com a receita pronta [...]" (Breia, 2012).

CANAIS DE DISTRIBUIÇÃO E O MERCADO BRASILEIRO

Já discutimos as significativas mudanças que a internet trouxe para o setor de agenciamento de viagens, principalmente pela condição de ser também um canal de distribuição dos produtos turísticos, muitos dos quais, em outros tempos, eram distribuídos quase de maneira exclusiva pelas agências de turismo.

Entendemos por "canais de distribuição" o "conjunto de organizações interdependentes envolvidas no processo de disponibilizar um produto ou serviço para uso ou consumo" (Coughlan, 2002).

Entende-se por "produto turístico" o conjunto de atrativos de acesso de bens e serviços turísticos, disponíveis ou oferecidos ao turista de forma organizada. Em outras palavras, de uma maneira geral, o *produto turístico* é o resultado da congregação dos recursos turísticos ou atrativos turísticos (naturais, culturais, artificiais), com infraestrutura (transporte, meio de hospedagem, comunicação etc.) e os diversos serviços que o envolvem.

Desta maneira, podemos aferir que, para que um determinado atrativo turístico seja transformado em "produto", é necessário agregar a ele infraestrutura e serviços, tornando-o, assim, possível de ser consumido.

A viabilização do consumo de turismo se dá por meio de uma cadeia produtiva formada por empresas de diversos segmentos: meios de transporte, de hospedagem, entretenimento, agenciamento, entre outros.

Para Beni (1998, p. 181), "o produto turístico resulta do trabalho de muitas empresas, uma só empresa não elabora por si só um produto final para o consumidor". Desta maneira, as empresas de turismo caracterizam-se segundo as necessidades que suprem dentro da composição do produto turístico, sejam elas de deslocamento, de alojamento, de alimentação ou de entretenimento. Ao setor de agenciamento são delegadas, dentro desta cadeia produtiva, funções ligadas à informação e à organização de viagens.

Desta maneira, é possível compreender que o setor de agenciamento atua de maneira secundária no processo da composição do produto turístico, uma vez que não provê a base essencial de uma atividade turística (transporte, hospedagem, alimentação), e sim organiza e intermedeia o consumo das mesmas.

O processo de organização e distribuição do produto turístico, por meio do setor de agenciamento, é feito tanto pelas operadoras de turismo, atuando como uma espécie de "atacadista", quanto pelas agências de turismo distribuidoras, neste caso, compreendidas como "varejistas".

Como já discutimos, em tempos atrás, tanto os provedores de serviços turísticos (meios de transporte, hospedagem etc.) quanto as operadoras de turismo tinham nas agências de turismo um dos seus principais canais de distribuição e de contato com o consumidor final, por meio de uma relação baseada em uma comissão paga a elas.

Diante do atual cenário de redução do comissionamento, promovido pelo processo de desintermediação, que resulta do contato direto dos fornecedores com o cliente final, a agência de turismo, como canal de distribuição, atravessa um momento de transformação.

Os avanços da tecnologia, mais especificamente da internet, promoveram a possibilidade de conexão do produtor com o consumidor final. Aliado a este fato, soma-se a crescente abertura de lojas exclusivas de grandes operadoras de turismo brasileiras.

Sobre as lojas exclusivas das operadoras, é necessário compreender que essas empresas funcionam como uma agência de turismo qualquer. A única diferença é que algumas trabalham exclusivamente com um determinado distribuidor, já que a maioria consiste em um contrato de representação comercial, o que não exime a operadora do pagamento de suas comissões.

Isso revela que a afirmação que esses canais de distribuição seriam uma espécie de concorrência "desleal" por parte das operadoras parece ser um pouco equivocada. Na formação de preços dos seus produtos, a operadora não pode deixar de calcular o valor da comissão a ser paga também aos seus representantes (lojas exclusivas) assim como o faz para as agências de turismo multimarcas.

A deslealdade que hoje se vê no mercado, principalmente referente aos descontos concedidos por algumas lojas exclusivas, é fruto de ações isoladas que advêm mais de uma falta de ética de alguns representantes do que da própria operadora.

De qualquer forma, é impossível não admitir que essa estratégia afetou, sim, muitas agências de turismo. A abertura de uma loja exclusiva, de uma marca forte, "ao lado" de seu estabelecimento e disputando, muitas vezes, a mesma demanda de clientes, comprometeu principalmente aquelas que tinham os pacotes turísticos como sua principal fonte de receita.

No ano de 2011, a CVC Operadora, detentora da maior rede de lojas exclusivas no Brasil, teve seus produtos distribuídos por diversos canais: sendo 65% por representantes comerciais (lojas exclusivas) 23% por agências de turismo independentes; 9% por lojas próprias; e apenas 3% pela internet.[1]

Isso mostra que para o mercado de viagens de lazer, principalmente viagens nacionais (principal produto da CVC), as agências de turismo ainda detêm vantagem sobre a internet. No entanto, venderam 42% menos do que as lojas exclusivas desta operadora.

Abstendo-nos da ardente discussão que reside há anos entre as agências de turismo no Brasil sobre o posicionamento da CVC no varejo (vendendo diretamente ao cliente), trataremos do assunto para discorrer sobre alguns diferenciais desses pontos de venda.

Apesar de ser uma empresa focada no turismo de massa, que tem como sua principal oferta produtos destinados principalmente às classes emergentes, a empresa criou lojas com ambientes padronizados e infraestrutura de qualidade. Suas lojas são modernas, organizadas, com funcionários uniformizados e vendas totalmente informatizadas.

As lojas possuem vitrines extremamente focadas na divulgação dos preços, campanhas e promoções assim como fazem as de outros setores do varejo.

Esta estratégia, aliada à intensa exposição publicitária, fez com que as lojas CVC fossem, de certa forma, entendidas pelos consumidores como uma espécie de "alternativa" para aqueles que nunca haviam utilizado os serviços de uma agência de turismo, tampouco se sentiam seguros para empreenderem viagens de maneira individual ou pela internet.

---

1 CVC. Formulário de Referência da Comissão de Valores Mobiliários (CVM) do Ministério da Fazenda. Disponível em: <http://www.cvm.gov.br>. Acesso em: 13 fev. 2012.

Segundo Valter Patriani, ex-presidente executivo desta operadora:

> [...] as lojas CVC atendem a uma demanda que não está sendo suprida pelas agências de turismo. Percebemos um aumento do número de novos clientes em cada cidade em que abrimos uma filial.[2]

Outro aspecto enaltecido nas estratégias da CVC é a de oferecer diversificadas alternativas para o pagamento dos produtos que comercializa. O boleto bancário, por exemplo, emitido imediatamente no ato da compra, facilita a decisão dos consumidores que não precisam estar munidos com cartões de crédito, talões de cheque ou dinheiro. Sobre isso, Patriani ressalta que:

> Hoje em dia o cliente [tem] muitas opções para comprar e por isso o boleto é uma opção que oferecemos, por exemplo, para quem quer parcelar uma passagem aérea sem precisar usar o limite do cartão [...] se quiser comprar pela internet ou diretamente na companhia tudo bem, mas é importante ele saber que na CVC existe um jeito diferente para ele pagar [...].[3]

O objetivo de termos lançado mão do exemplo das redes de lojas desta operadora foi apenas para estabelecer algumas observações que pudessem de alguma forma auxiliar os agentes de viagem quando fossem analisar ou traçar as ações de sua empresa no posicionamento diante deste novo cenário de distribuição do mercado brasileiro.

Independente do surgimento de novos canais de distribuição dos produtos turísticos, é importante compreender que a agência de turismo ainda é parte integrante da cadeia produtiva. A única diferença é que, atualmente, esta divide o fluxo de demanda com outros atores e dependerá cada vez mais de sua competência conseguir trazer o cliente para si.

A boa notícia, no entanto, é que o volume de consumidores turísticos também aumentou. Isso facilita as estratégias e aumenta as possibilidades para o posicionamento e direcionamento das agências de turismo.

A internet tem trazido novidades que, de certa forma, acabam dividindo a demanda de consumidores também nos produtos turísticos. É o caso da recente onda das "compras coletivas".

COMPRA COLETIVA: SERÁ MESMO UM BICHO-PAPÃO?

O fenômeno da compra coletiva utiliza-se da lógica muito simples em que produtos são adquiridos com expressivo desconto em decorrência de um grande número de compradores.

---

2 Valter Patriani, em conversa com a autora em 9 de janeiro de 2009, na qual fala sobre o posicionamento da empresa na implantação da sua loja em Araras (SP).

3 *Idem.*

Segundo Felipini (2011, p. 6):

> Oferecer produtos com desconto buscando uma quantidade maior de compradores é uma prática tão antiga quanto a do próprio comércio [...] o comerciante tem uma menor margem de lucro em cada unidade do produto, porém ganha mais no total em razão da quantidade de unidades vendidas.

Para o especialista, o que diferencia os tempos atuais é a existência da internet, possibilitando o acesso de milhões de pessoas e clientes potenciais de forma rápida e com um baixo custo ao fornecedor.

As raízes deste negócio, ao contrário do que muitos pensam, estão na China, país em que as pessoas têm por hábito a associação com outros compradores para se conseguir melhor negociação. Em 2006, surgiu o primeiro site chinês que ofereceu este tipo de serviço: <http://www.teambuy.com.cn> – porém, com uma roupagem extremamente mais simples do que norte-americano Groupon, lançado em 2008 (Felipini, 2011, p. 6).

A diferença foi a plataforma desenvolvida pelo seu fundador Andrew Mason, chamada The Point. A partir do seu lançamento, o crescimento desta empresa foi meteórico. Para se ter uma ideia da dimensão e rapidez com que estas empresas estão crescendo, em 2010, apenas quatro anos após a sua criação, o Groupon, recebeu da Google, uma oferta de compra de 6 bilhões de dólares, e recusou.

Os sites de compras coletivas chegaram ao Brasil após a experiência positiva nos Estados Unidos. O Peixe Urbano, o primeiro site brasileiro a reproduzir o modelo existente nos Estados Unidos, foi lançado em março de 2010. Em junho do mesmo ano, o Groupon também chegou a nosso país.

Segundo uma pesquisa do Instituto Ibope-Nielsen, em setembro de 2010 o número de pessoas que acessou sites de compras coletivas no Brasil atingiu 5,6 milhões expressando um crescimento de 230% em relação a junho daquele mesmo ano.[4]

Outra pesquisa realizada em um período de 30 dias revelou que, dos itens comercializados pelos sites de compras coletivas, *38% foi de restaurantes, 22% de serviços de beleza; 12% de turismo; 8% de lazer, o restante distribuído entre inúmeros serviços e produtos.*[5]

O resultado revela um expressivo número de compradores de produtos turísticos em sites de compras coletivas. Porém, é pertinente ressaltar que quando acessamos a maioria dos sites, verificamos que a grande oferta do setor de turismo é composta por meios de hospedagem.

Este fato se explica. A maior razão pela qual um cliente efetua uma compra em um site de compra coletiva é o tamanho do desconto que lhe é ofertado. Neste caso, é muito mais fácil se oferecer um desconto em serviços do que em bens de consumo.

No caso dos restaurantes, a margem de lucro que possuem em um jantar é muito maior do que, por exemplo, a que se tem sobre a revenda de um eletrodoméstico, já que

---

4 Pesquisa Ibope. *Apud* Felipini (2011).

5 *Idem*, p. 40.

este tem um custo invariável de matéria-prima, tributação etc. Para os hotéis a conta é semelhante, uma vez que, assim como o restaurante, o seu custo fixo (salários, encargos, aluguel etc.) geralmente não varia muito, independente do número de hóspedes que possui. Sendo assim, esses estabelecimentos podem oferecer descontos maiores, em datas e/ou horários que sabem ter uma menor demanda.

Segundo o gerente comercial de um tradicional hotel de Fortaleza (CE):

> Os sites de compra coletiva são interessantes, pois permitem uma imensa projeção do hotel, para milhares de pessoas que, entrarão no site e conhecerão nossa infraestrutura. Nossa maior vantagem é a exposição.

O executivo ressalta ainda que o fato de o hotel poder decidir o tempo que a promoção estará disponível permite que haja uma adequação das tarifas do hotel, não permitindo que o valor final recebido seja incapaz de cobrir seus custos.[6]

Em outras palavras, entendemos que os hotéis podem adequar sua tarifa de balcão no período em que a promoção está no ar, para que o valor do desconto concedido não seja prejudicial aos custos fixos do empreendimento.

Desta maneira, é possível conjecturar que nos sites de compras coletivas, produtos que não permitem um desconto expressivo, que chegue em 50%, não tenham uma boa aceitação e, talvez por isso, este não seja o seu melhor canal para distribuição (Felipini, 2011, p. 40).

É importante que as agências de turismo avaliem o site de compras coletivas como mais um canal de distribuição que não conseguirá oferecer vantagens em todos os produtos que comercializa.

Ademais, as ofertas são rápidas e possuem restrições para o consumo, envolvendo período, horário etc. Acredita-se, mesmo sem ter ainda nenhum tipo de comprovação científica, que este advento possa ser *mais um canal para exposição do que para distribuição* de produtos, uma vez que as empresas não poderão disponibilizar ofertas de modo contínuo, o que acarretaria prejuízo ao seu negócio em longo prazo.

É claro que assim como outros mercados, o setor turístico também se apropriou desta ferramenta como canal de distribuição e/ou exposição de seus produtos. No entanto, ao contrário de outros produtos do comércio varejista, em turismo incidem algumas variáveis que, muitas vezes, não podem ser supridas pelas melhores ofertas das compras coletivas. Essas variáveis podem ser compreendidas como data da viagem, categoria de um determinado hotel que se deseja, destino que se deseja, entre outras.

Recentemente, a TAM anunciou a criação de seu próprio site de compra coletiva. Fazendo parceria com uma empresa do ramo. A companhia aérea pretende lançar promoções com descontos que podem chegar até a 78% para o consumidor final. Em reportagem, a TAM salienta que as promoções serão por tempo determinado e que visam a preencher os lugares em voos com baixa ocupação.[7]

---

6 José Ribamar Silva, gerente comercial do Hotel Villa Mayor, em entrevista à autora, em 29 de dezembro de 2011.

7 TAM lança canal próprio de compras coletivas. Disponível em: <http://exame.abril.com.br/negocios/empresas/noticias/tam-lanca-canal-proprio-de-compras-coletivas>. Acesso em: 13 fev. 2012.

Esta informação reforça o que foi dito anteriormente. No caso da TAM, as ofertas oferecidas serão apenas para os voos com baixa ocupação, isso revela que não serão todos os voos, em todas as datas e para todos os destinos que estarão disponíveis para o consumidor. Isso restringe o consumo turístico, ao contrário, por exemplo, de jantares em restaurantes ou limpeza de pele, em que é possível o consumidor escolher uma data e horário dentro do que lhe são convenientes durante o período ofertado com o desconto.

Ao contrário desses produtos, para viajar o cliente dispõe na maioria das vezes, de um período específico que geralmente é compreendido em seus períodos de férias, folgas e/ou feriados. Caso a oferta do site de compras coletivas não ofereça produtos dentro deste período, não há como efetuar a venda.

Outra questão apontada por Felipini é que a compra coletiva nada mais é do que a típica compra por impulso.

Quantos de nós já não fizemos isso? Os famosos "ligue já", ou então as promoções inacreditáveis para a assinatura de uma determinada revista, "mas o desconto só vale se for agora".

Certa vez, estávamos em um congresso onde nos foi oferecido um desconto de 50% na assinatura de duas revistas de uma mesma editora. Num ímpeto, adquirimos o produto. O fato é que após dois meses recebendo as revistas já não estávamos tão certos de termos realmente feito um bom negócio, uma vez que o conteúdo das reportagens não refletia a qualidade que se esperava. Mesmo assim, foram pagas as doze prestações devidas. Isso nos causou certa repulsa pela editora, e uma sensação de ter sido "enganados", quando, na verdade, o que aconteceu foi apenas uma compra por impulso.

Nos sites de compras coletivas ocorre o mesmo. Se o cliente compra sem atentar para as condições da oferta, poderá vir a se decepcionar com a empresa, desenvolvendo uma visão negativa da mesma.

Outro fator a ser observado sobre as compras por impulso é que, para Felipini (2011, p. 21), essas aquisições geralmente referem-se a produtos e serviços cuja ausência não faria falta ao consumidor, como também comumente estão associadas a produtos de menor valor. O autor considera ainda que "O prazo de encerramento da oferta geralmente é curto, em torno de 14 horas. O objetivo é criar no comprador a sensação de urgência e estimular a compra por impulso".

Será que comprar por impulso é uma característica do consumidor de turismo? Será que um período de 14 horas é suficiente para o planejamento de uma viagem? Claro que muitas vezes é mais do que suficiente; porém, se pensarmos em roteiros elaborados, com duração de mais de uma semana, este prazo de decisão não nos parece, de uma forma geral, ser suficiente.

Imaginemos apenas um fato: geralmente as pessoas viajam acompanhadas de cônjuges, famílias amigos etc. Seria sempre possível decidir por uma viagem em apenas um acesso ou então dentro do período determinado para a aquisição da oferta? A resposta é: claro que às vezes sim, porém muitas vezes não.

O importante é compreender que incidem muito mais variáveis envolvendo a compra de um produto turístico do que outros bens e serviços que são comumente comercializados pelos sites de compras coletivas. Verifiquemos algumas básicas. De maneira geral:

- o preço de produtos turísticos costuma ser maior que os de serviços campeões de venda nesses sites, como serviços de beleza, e alimentação, por exemplo;
- ao contrário do que ocorre na compra de uma limpeza de pele, por exemplo, em uma viagem, geralmente é necessário ter a concordância de no mínimo mais uma pessoa;
- é preciso conjugar a oferta existente com o período disponível que se tem para empreender a viagem.

É importante que os agentes de viagem avaliem essas considerações. É óbvio que os sites de compras coletivas significam, sim, um tipo de concorrência para as empresas, porém não há mais como retroceder a esta realidade, uma vez que este novo modelo de negócio, ao que tudo indica, veio mesmo para ficar.

Neste sentido, devemos ressaltar que, em vez de encarar a compra coletiva apenas como mais um tipo de concorrência, as agências de turismo podem de alguma maneira, se beneficiar desta nova alternativa implementando-a também ao seu modelo de negócio.

Como já ressaltado, sabemos que as agências não podem continuar a acreditar que passagens aéreas, hotéis e pacotes turísticos sejam o seu principal produto. Para elas, realmente a compra coletiva será apenas uma forte concorrência uma vez que agências jamais conseguirão adequar o custo de um produto que não seja seu.

Por outro lado, as agências desprovidas de preconceitos, interessadas em testar alternativas apostando na criatividade e no conhecimento que detêm sobre seu mercado de atuação, podem vir a conseguir um espaço positivo neste modelo de comércio.

Assim como prevê Machado, os pequenos operadores terão papel fundamental em um futuro próximo. Serão os atores capazes de oferecer novidades e produtos exclusivos aos consumidores. Sendo assim, mesmo as pequenas empresas podem desenvolver produtos próprios que possam ser oferecidos em um site de compras coletivas (Almeida e Machado, 2010).

A oferta de um serviço também pode ser uma alternativa. Imaginemos, por exemplo, uma agência que oferece consultoria para a organização de uma viagem para assistir aos jogos da próxima Copa do Mundo ou, então, uma consultoria para organizar a "melhor viagem de lua de mel".

Imaginem a quantidade de pessoas que conheceriam a empresa. Imaginem quantas pessoas, hoje, sabem exatamente quanto custa uma viagem para a Copa do Mundo ou então, sabem onde e como conseguirão comprar os ingressos para os jogos que desejam.

Quantos casais deixam para organizar a sua viagem de lua de mel nas vésperas do casamento ou, então, esperam para ver "quanto vai sobrar" para só depois buscarem viagens que caibam no seu orçamento, mesmo porque de nada adiantaria programar com muita antecedência já que não se teriam as tarifas vigentes para a época de sua viagem. Será que esses casais não querem alguém que os orientasse sobre "como" podem se organizar com antecedência?

Não podemos afirmar que isso venha a ser um sucesso, mas podemos garantir que hoje, no momento que se escreve este texto, este seria ainda considerado, sem dúvida, um serviço totalmente diferenciado e inédito nos sites de compras coletivas.

Podemos inferir ainda que, caso este exemplo de oferta de consultoria por meio dos sites de compras coletivas indique bons resultados, isso pode também ser um grande passo para que o consumidor comece a se conscientizar sobre a existência de uma taxa cobrada pelas agências de turismo para prestarem informações. Fato que ainda não se configura como algo concreto no mercado, tampouco gera receita para a maioria das agências brasileiras.

É necessário que se ouse. É preciso acreditar no potencial existente dentro de uma empresa. É preciso valorizar as ideias daqueles colaboradores que talvez nunca tenham sido ouvidos pelos administradores. É chegada a hora de garimpar os talentos ou as habilidades de cada um que pertence à organização, independente de sua função, transformando-os em diferenciais, em novos produtos, em alternativas e em lucro.

O que seria do mundo do entretenimento se Walt Disney, na década de 1950, não tivesse acreditado que adultos teriam, sim, o desejo de visitar um parque de diversões com personagens infantis? A Disneylândia não existiria. Nenhum outro parque com aquelas características existia até então. Foi preciso primeiro construir um parque na incerteza para que a Disneyworld viesse a se transformar em um dos maiores destinos turísticos do mundo atual.

Como estaria hoje o mundo da música se Steve Jobs, o fundador da Apple, não tivesse apostado que o iPod seria um produto que os consumidores desejariam possuir? O iPod não existia, ninguém o conhecia. Foi necessário colocá-lo à venda para que as pessoas descobrissem as suas vantagens.

> As pessoas que são loucas o suficiente para achar que podem mudar o mundo são aquelas que o mudam.
>
> (Comercial "Pense diferente", da Apple, 1997)

Por que não acreditar que um novo produto ou serviço em turismo possa também vir a ser um objeto de desejo ou uma necessidade do consumidor, se não criarmos e tentarmos de alguma maneira colocá-lo à venda?

Da mesma maneira que um serviço de consultoria, produtos desenvolvidos pelas próprias agências de turismo também podem ser disponibilizados nos sites de compras coletivas.

Se uma agência opera, por exemplo, viagens rodoviárias, ela poderá adequar sua operação para que em determinado momento possa disponibilizar alguns produtos em sites de compras coletivas.

Vejamos, na **Figura 4.1**, uma representação básica de como isso pode funcionar.

Figura 4.1 - Representação básica

Produto - fim de semana no Rio de Janeiro 03 dias 02 noites

03 dias 02 noites

Saída: 26 de janeiro de 2012

Incluindo: Transporte em ônibus especial para turismo ida e volta, 02 noites de hotel na Praia de Copacabana com café da manhã, *city tour*, serviço de bordo e guia acompanhando durante todo o percurso.

Preço por pessoa em apartamento duplo:......................R$ 680,00

Este então é o produto e o preço específico da agência que estarão sendo oferecidos e divulgados para os seus clientes por meio dos tradicionais canais de distribuição.

Sabemos que o custo por pessoa em um produto como este, varia conforme o número de passageiros que esta agência vender. Sendo assim, quanto mais passageiros, maior será o seu lucro, uma vez que serviços com transporte, por exemplo, terão um valor único independente do número de passageiros vendidos.

Toda a operação de viagens turísticas em grupo prevê uma quantidade mínima de passageiros para que esta possa ser cumprida e gere lucro para a empresa.

Sendo assim, imaginemos neste caso que o número mínimo de passageiros exigidos para esta operação seja, por exemplo, 20 pessoas. Com este número de passageiros vendidos, os custos fixos de transporte, guia de turismo etc. já estariam garantidos.

Desta forma, todos os demais passageiros que vierem a ser vendidos nesta excursão, já terão seus custos pagos pelos 20 primeiros que fecharem a viagem.

Com isso, o lucro que advirá com as vendas dos demais passageiros refletirá um incremento no lucro desta operação. O valor excedente poderá ser utilizado para os descontos concedidos nas compras coletivas.

É fato que existem inúmeros cálculos que podem ser feitos antes de disponibilizar um produto com desconto em um site de compra coletiva. Isso vai depender da capacidade financeira e dos objetivos de cada comerciante. Aqui, apresentamos apenas uma alternativa para tal.

É importante ressaltar também que, antes de oferecer um produto em um site de compra coletiva, deve ser levado em conta o valor da comissão que os sites cobram para essas transações. Essas comissões variam conforme o site e o produto e podem variar de 20% chegando até mesmo a 50% do valor da oferta (Felipini, 2011).

Sendo assim, é necessário considerar este valor ainda no processo de formação do preço ou então estudar cautelosamente o seu custo antes de optar pelo site de compra coletiva.

Analisando essas possibilidades, aplicáveis à realidade das agências de turismo brasileiras, é possível considerar que os sites de compras coletivas podem também ser encarados como uma alternativa para a exposição de novos produtos, serviços e ideias, com um custo muito baixo de publicidade.

Apesar de os sites de compras coletivas serem, sim, uma forma de concorrência para as agências de turismo, parece-nos que o bicho-papão é bem mais mansinho do que pensávamos. Notamos que com um pouco de habilidade, é possível até mesmo se beneficiar com este advento, seja pelas características dos produtos que este comercializa, que limita muitas vezes o consumidor em vários aspectos, seja pela oportunidade de negócio que este novo canal de distribuição pode representar também para algumas agências.

Sendo assim, percebemos que é preciso concentrar esforços para descobrir caminhos para que esses canais e as novas tecnologias também possam ser usados em favor das agências de turismo. É preciso entender que é impossível que as agências sempre tenham a melhor oferta e o melhor produto para oferecer ao cliente. Eles também não.

EXERCÍCIOS DE REFLEXÃO

- Faça leituras complementares sobre as formas de remuneração por serviços e estabeleça uma relação com o setor de agenciamento de viagens no Brasil.
- Determine um produto ou destino turístico; faça uma pesquisa sobre o seu interesse nos sites de compra coletiva elencando os elementos impeditivos e facilitadores à sua decisão de compra.
- Enumere e discuta as vantagens e as desvantagens que as agências de turismo possuem em relação às lojas exclusivas de grandes operadoras.

CAPÍTULO 5

Os Jetsons[1] e as agências de turismo. O futuro já começou!

> O futuro tem muitos nomes. Para os fracos é o inalcançável; para os temerosos, o desconhecido. Para os valentes, a oportunidade.
>
> Victor Hugo

OBJETIVOS DO CAPÍTULO

- Discutir a influência das redes sociais e da tecnologia móvel nas decisões de compra e nas maneiras de consumo de viagens e produtos turísticos.
- Promover maior compreensão sobre a relação desses adventos com as agências de turismo e apresentar alternativas para que estes lhes sejam favoráveis.

Podemos dizer que a introdução de novas tecnologias e ferramentas da web, desenha um futuro onde o comportamento tanto social quanto de consumo do indivíduo, serão baseados segundo a velocidade da informação, da facilidade, da interatividade e da conexão de pessoas.

O nome deste capítulo, utilizando o apelo dos Jetsons, foi apenas uma maneira lúdica de chamar a atenção para algumas novidades que, duas décadas atrás, simplesmente não existiam.

---

1 *The Jetsons* (em português, *Os Jetsons*) foi uma série animada de televisão produzida pela Hanna Barbera. Essa série introduziu no imaginário da maioria das pessoas o que seria o futuro da humanidade: carros voadores, cidades suspensas, trabalho automatizado, toda sorte de aparelhos eletrodomésticos e de entretenimento, telefones com imagem, robôs como criados e tudo que dá para se imaginar do futuro.

A tecnologia móvel, tal qual existe hoje, bem como a potência das denominadas redes sociais digitais, poderiam fazer parte de um imaginário futurista daqueles que, na infância, assistiam e se divertiam com os Jetsons.

Hoje, as crianças conseguem assistir desenhos animados por meio de seus pequenos aparelhos celulares e tablets; conversam enquanto veem o seu amiguinho que mora no Japão, usam todo e qualquer controle remoto e sabem perfeitamente o que são *hardware, software, bites,* sites, links, web, *upload, download* e todos os outros muitos termos que somente surgiram com a popularização dos computadores pessoais e da internet.

As crianças de hoje, os futuros consumidores, sabem que o Google pode responder muita coisa, pelo menos ele sempre fala alguma coisa...; sabem que existe uma enciclopédia chamada Wikipédia, que tem algo a ver com aqueles livros grandes e vermelhos que ficavam na estante da vovó.

Todas as músicas de que eles gostam cabem no seu bolso e eles não conseguem entender muito bem por que a mamãe guarda tantos "disquinhos" prateados que ela chama de CD.

Eles conversam com seus amiguinhos por meio do Messenger e trocam torpedos com uma incrível rapidez e facilidade. Além disso, sabem que podem conhecer e conversar com muita gente no Facebook e só não estão neste espaço ainda porque, como são pequenininhos, o papai ainda tem muito medo desta "coisa de internet".

Para essas crianças, os Jetsons não representam nenhuma novidade futurista.

Diante deste fato, é extremamente importante que, enquanto essas crianças crescem, as agências de turismo estejam de alguma maneira evoluindo e se preparando para esta nova geração de consumidores.

Entender um pouco sobre algumas das tecnologias e ferramentas hoje disponíveis e que interferem de alguma forma o mercado, é uma das intenções deste capítulo.

REDES SOCIAIS: É POSSÍVEL "PESCAR" COM ESTA REDE

> Vivemos em um momento histórico em que o mundo virtual tem um poder cada vez mais significativo no mundo real. O primeiro não apenas repercute o segundo; ele o influencia.
>
> Tara Hunt (Hunt, 2010)

Embora, na maioria das vezes, não sejam espaços digitais que efetuem uma relação direta de compra e venda, as redes sociais vêm determinando nos últimos anos um importante canal de comunicação entre empresas e consumidores e principalmente entre consumidores entre si.

O conceito de rede social surgiu nas áreas da Sociologia e da Antropologia Social. No final do século XX, o termo passou a ser olhado como um novo paradigma das ciências sociais, principalmente no que toca às relações e à comunicação humana (Hunt, 2010).

Rede social pode ser compreendida como uma estrutura social composta por pessoas ou organizações conectadas por um ou vários tipos de relações, que partilham valores e objetivos comuns. Uma das características fundamentais na definição das redes é a sua abertura e porosidade, possibilitando relacionamentos horizontais e não hierárquicos entre os participantes. "Redes não são, portanto, apenas uma outra forma de estrutura, mas quase uma não estrutura, no sentido de que parte de sua força está na habilidade de se fazer e desfazer rapidamente" (Duarte e Frei, 2008, p. 156).

As redes sociais na internet são uma poderosa ferramenta para reunir pessoas e transmitir informações. Nenhuma das antecedentes tecnologias se compara à sua rapidez e à sua abrangência.

> A televisão precisou de 13 anos para reunir 50 milhões de usuários no mundo, o Facebook conseguiu o dobro, em apenas nove meses. Para se tornar milionário, o fundador da dinastia Rockfeller levou 27 anos enquanto o fundador do Facebook, apenas quatro. Michael Jackson vendeu 100 milhões de cópias do álbum Thriller em um ano, já uma canção de Justin Bieber teve mais de 500 milhões de reproduções em apenas um mês.[2]

As redes sociais mais populares disponíveis atualmente são: Facebook, MySpace, Twitter, Hi5, Sonico, Buzznet, Digg, Orkut, Google+, Xing, Buzznet. Habbo, LinkedIn, My Life, Gaia, Flickr, YouTube, dentre outras.

Embora algumas redes possuam finalidades mais específicas, como o *YouTube* (vídeos), *Flickr* (fotos), *LinkedIn* (profissional) etc., a característica comum entre todas elas é fundamentalmente o compartilhamento de informações.

O Facebook, considerado hoje o maior desses tipos de sites, responde por 25% do tráfego diário da web no mundo. Já o Twitter, uma outra importante rede social, que detém um formato diferente do Facebook, agrega 300 mil novos usuários por dia (Aldan, 2011).

Uma pesquisa divulgada em fevereiro de 2012 revelou que o "Brasil ultrapassou o Japão em número de usuários no Twitter, agora são 33,3 milhões de usuários por aqui contra 29,9 milhões no país oriental. Os EUA continuam invictos na primeira posição, com nada menos que 107,7 milhões" (Martins, 2012).

Ao contrário do que pensam alguns, a rede social não pode mais ser entendida somente como uma mera perda de tempo ou como uma exclusividade de nova geração. Estar conectado passa a ser uma necessidade.

Terra (2011) revela que o próprio conceito de juventude está mudando: "Ser jovem é acima de tudo ter atitude jovem [...] mesmo a idade que caracteriza a juventude já

---

2 Discovery Channel. Disponível em: <http://resultson.com.br/videos/as-redes-sociais-em-numeros/>. Acesso em: 13 fev. 2012.

mudou: os 40 anos de hoje são os 30 anos de ontem, os 30 anos são os novos 20 [...] [os jovens] podem estabelecer tendências, experimentar novidades e compartilhar com amigos e familiares de gerações diferentes".

O comportamento dos jovens, a princípio compreendidos como mais aptos na assimilação e utilização das novas tecnologias, acaba influenciando as demais gerações. A mudança de comportamento é percebida pela sociedade e acaba se tornando uma tendência. Desta forma, pessoas, organizações e a sociedade como um todo começam a ter atitudes que acompanham as tendências sugestionadas pela mudança de comportamento. Terra representa isso graficamente (ver **Figura 5.1**).

Figura 5.1 – Influência das novas tecnologias nas mudanças de comportamento

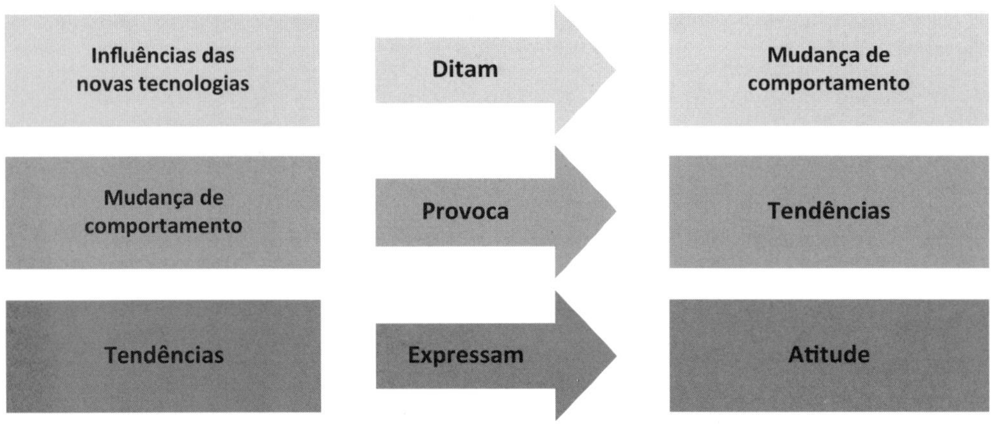

Fonte: Terra (2011). Adaptado pela autora.

Nessa representação, entendemos que influências das novas tecnologias acabaram modificando a maneira como o indivíduo se conecta com o mundo, com os outros e como percebe a si mesmo dentro da sociedade. Isso acaba mudando seu comportamento. Esta mudança, quando percebida pela sociedade, acaba se tornando uma tendência.

Tendência pode ser compreendida por uma sequência de eventos advindos da mudança de comportamento e que prometem durabilidade (Kotler, *apud* Terra, 2011).

Já as atitudes são as consequências das causas das tendências. É a representação prática do que se muda no cotidiano, do ambiente individual, social e corporativo em função das tendências.

Com este entendimento, podemos avaliar a importância da mudança de atitude das empresas, no caso deste estudo, das agências de turismo frente às tendências apontadas com a chegada e influência das redes sociais.

Essas são ferramentas que conectam pessoas das mais variadas faixas etárias, de distintas classes sociais, com diversos objetivos. Milhões de pessoas que ao mesmo tempo compartilham informações, padrões, desejos e estilos de vida, entre muitas outras coisas.

> [...] o *networking* social é uma das ferramentas mais poderosas atualmente em turismo e que as redes sociais usadas com fins relacionados com viagens têm crescido mais que a própria indústria do turismo, sendo o Facebook e o TripAdvisor os mais populares, este último com 35.382.000 visitantes mensais.[3]

Na área de turismo e viagens, as recomendações e opiniões isentas de interesse são de extrema importância. É por isso mesmo que os sites que trazem espaço para comentários ou *reviews* (comentários) *on-line*, de restaurantes, hotéis, destinos etc., têm tanto peso na decisão dos viajantes.

> De acordo com pesquisas recentes da U.S. Travel Association, que analisou um grupo de 2.200 adultos americanos, seis em dez (59%) viajantes entraram em redes sociais. As suas atividades mais populares incluem *uploading* de fotografias e vídeos (49%) e cotação (classificação) de serviços (46%). Quase um quarto dos indivíduos visitou um blogue e colocou nele conteúdos, enquanto quase metade (46%) visitou os novos *postings* nos sites a que estão ligados pelo menos uma vez por dia. Segundo uma pesquisa efetuada em 2009 pela *PhoCusWright*, 60% dos consumidores que adquirem serviços turísticos *on-line* usam plataformas de redes sociais e 27% colocam comentários (Almeida e Machado, 2010, p. 39).

Além disso, o que as pessoas fazem nas férias? Tiram fotografias e vídeos. Até um simples post ou foto de um determinado local pode ser adicionado em tempo real enquanto a pessoa o visita. As redes sociais permitem, assim, partilhar as experiências das suas férias com o mundo.

O impacto disso tudo no mercado é muito grande. "Não é mais possível que uma empresa de turismo não esteja atenta ao que está acontecendo na internet", comenta Carlos Aldan (2011), presidente da Kronberg Revenue Solutions em uma palestra aos profissionais do setor.

Segundo este especialista, até 10 anos atrás, um cliente conseguia compartilhar uma experiência negativa de consumo com uma média de 10 pessoas. Hoje, em virtude das mídias sociais, este número saltou para 10 milhões.

Outra questão abordada por Aldan é que hoje somente 10% das pessoas acreditam na propaganda tradicional, aquelas que as empresas fazem em rádio, televisão, jornais e revistas. Segundo ele, com o advento da internet a opinião expressa pelos usuários de uma rede social tem muito mais influência na decisão de um cliente por um determinado produto do que as propagandas. Ainda em complementação a este assunto, Aldan compartilha a informação de que 80% dos clientes têm ressalvas em adquirir um produto que tenha comentários negativos dos usuários de sua rede social.

Este quadro cria um ambiente bastante frágil para as empresas. Imagine como o poder de se acessar milhões de pessoas e a rapidez com que isso pode ser feito pode

3 Disponível em: <http://www.digitalmarketing.pt/turismo-e-redes-sociais-porque-devem-andar-juntos>. Acesso em: 13 fev. 2012.

causar danos à imagem da organização, de um produto ou até mesmo de uma pessoa. Foi possível avaliar o impacto e o poder do Facebook em diversos momentos.

No mês de junho de 2011, uma profissional da área da saúde, que estava desempregada há mais de um ano, recebeu em um domingo, às 22h45, um torpedo de uma amiga dizendo apenas: "Abra agora minha página no Face". Ali estava postado por uma "amiga da amiga", que trabalhava no departamento pessoal de uma empresa, uma vaga para a qual ela estava perfeitamente apta. Resultado: por preencher os requisitos necessários para o emprego e por ter sido a primeira a se apresentar para o processo de seleção no dia seguinte, foi contratada para o cargo. Será que se essa pessoa não estivesse conectada a essa rede social conseguiria saber da vaga a tempo de concorrer por ela?

Outro exemplo pôde ser verificado em 14 de dezembro de 2011, quando um vídeo de uma mulher espancando o seu cachorro foi postado no Facebook. O resultado fez com que apenas dois dias depois fosse divulgado na imprensa:

> A enfermeira [...] abandonou a casa onde morava após ser flagrada espancando um cachorro *yorkshire* até a morte. O caso aconteceu em Formosa (GO) e ganhou repercussão nacional pelas redes sociais nessa quinta e sexta-feira (16/12). Depois disso, os dados pessoais como nome e endereço da enfermeira começaram a circular pela internet e agora o caso é investigado por três delegacias do Estado [...].[4]

Será que este ato bárbaro teria repercussão nacional e faria a polícia da pequena cidade de Formosa (GO) agir tão rapidamente, não fosse a pressão dos milhares de comentários de internautas que tiveram acesso ao vídeo?

Uma das mais incríveis histórias que ilustram o poder das redes sociais pôde ser verificada em janeiro de 2012, com a tal "Luiza que está no Canadá". Alguém decidiu postar no Facebook o vídeo de um comercial protagonizado pelo pai da jovem, um empresário, que virou piada na web quando explicou a ausência da filha no comercial de um empreendimento imobiliário. No vídeo, o pai dizia: "Todos estamos aqui, menos Luiza, que está no Canadá". A expressão invadiu a internet, esteve entre os tops do Twitter, e foi um dos assuntos mais compartilhados no Facebook, mesmo não buscando tamanha repercussão nem tendo nenhum sentido para tamanho burburinho. Assim, a jovem que estava no Canadá viu seus seguidores no Twitter se multiplicarem por 100 e, no Facebook, 12 mil pessoas confirmaram presença na recepção à estudante, uma brincadeira que assustou a família.

No mundo empresarial, também em 2011, ficou bastante conhecida a história de uma das mais tradicionais empresas de refrigeradores brasileiras, que por muito tempo investiu em propagandas que, inclusive, tornaram-se referência no país.

Um cliente insatisfeito gravou e postou nas redes sociais um vídeo relatando em detalhes toda a sua insatisfação com a empresa. Depois de cinco dias que o vídeo foi ao ar a empresa procurou o consumidor e efetuou a troca do refrigerador. Em entrevista à UOL, o consumidor revela:

---

4 Disponível em: <http://aredacao.com.br/noticia.php?noticias=6312>. Acesso em: 13 fev. 2012.

> Os meios tradicionais não têm a agilidade que eu precisava. Precisaria ter escrito para a "carta ao leitor". Minha mensagem passaria, então, por uma triagem e pelo crivo de um editor. Precisava de uma geladeira. Não poderia esperar por esse processo. Além disso, milhares de consumidores escrevem para a imprensa todos os dias. Precisava chamar a atenção [...]. Foi muito mais positivo do que eu esperava. Tenho mais de 115 mil visualizações no Youtube e quase 200 mil no Facebook.[5]

Atualmente, em razão da complexidade e seriedade desta questão, já existem empresas especializadas em gerenciar a exposição de empresas e marcas nas redes sociais, como também existem serviços que gerenciam o relacionamento delas com os seus clientes por meio destes canais de comunicação.

Para as agências de turismo, as redes sociais podem ser uma excelente ferramenta e canal de comunicação com clientes, desde que sejam utilizadas da forma correta.

A maioria das agências de turismo é composta por empresas pequenas que não têm um faturamento que justifique grandes investimentos em propaganda.

Sendo assim, as redes sociais podem representar uma oportunidade, pois são um canal barato, com imenso poder de influência. Em contrapartida, é muito importante entender que mesmo com pouco tempo de existência, as redes sociais já incorporam algumas regras de comportamento no espaço digital.

Usando o Facebook, por exemplo, verificamos que empresas que postam promoções, produtos ou enviam mensagens comerciais não obtêm um índice positivo de aceitação dos seus "amigos". Esta rede social oferece ao usuário uma opção de "curtir" ou "não curtir", em um clique, tudo o que lhe é trazido.[6]

Por outro lado, se soubermos utilizar esta ferramenta de uma maneira mais sutil ou "polida", é possível atingir, pelo menos em parte, os objetivos desejados.

Segundo o relato de um experiente agente de viagem do interior do Estado de São Paulo, o Facebook lhe permite sugestionar as pessoas em relação aos destinos que sua agência pretende comercializar. Por meio da postagem de fotos de relatos de suas viagens pessoais, o profissional compartilha a informação de maneira muito pessoal, com fotos suas e de sua família nos destinos turísticos, não demonstrando nenhum interesse comercial.

A exposição contínua de suas fotos, de seus relatos e de suas experiências, acaba criando um natural interesse pelo destino, fazendo com que ao decidirem visitar o local, muitos dos seus contatos acabem lhe pedindo algum tipo de informação que, se bem trabalhada, tem muitas chances de se tornar uma venda.

Segundo Hunt, o universo das redes sociais não pode ser compreendido como um espaço para uma propaganda nos modelos tradicionais. Usar o Facebook, por exemplo, para divulgar um produto, serviço etc., pode influenciar negativamente a imagem ou a reputação da empresa. Para essa autora, incitar uma transação financeira não é algo vis-

5 Disponível em: <http://tecnologia.uol.com.br/ultimas-noticias/redacao/2011/02/02/consumidor-conta-ao-uol-como-as-redes-sociais-o-ajudaram-a-reaver-geladeira-com-defeito.jhtm>. Acesso em: 13 fev. 2012.

6 Para saber mais sobre o funcionamento do Facebook, sugerimos acessar <http://www.facebook.com>.

to com bons olhos pelo universo das comunidades *on-line*. Neste mundo virtual, o maior valor não é relacionado com a economia e sim com a reputação que uma organização desenvolve no meio (Hunt, 2010).

Acreditamos que uma das maiores contribuições das redes sociais foi a de permitir que a propaganda se transformasse. Esta transformação foi em dois importantes sentidos.

A primeira e mais significativa delas é que hoje não é mais somente a empresa ou a organização que diz ao consumidor as qualidades e benefícios de um produto ou serviço. Por meio das redes sociais, os próprios consumidores conseguem opinar sobre um determinado produto e/ou serviço para muitas dezenas, centenas e até milhares de pessoas em um curto espaço de tempo. Ademais, geralmente a opinião de consumidores é mais confiável para outros consumidores do que as prestadas pelas próprias empresas.

Outra mudança foi a de permitir que pequenas e médias empresas também conseguissem se expor para um número infinitamente maior de consumidores. Antigamente, somente as grandes organizações eram capazes de fazer propaganda às grandes massas. Afinal, custa muito dinheiro.

No entanto, Hunt considera que a principal ideia que as empresas devem ter, antes de estarem em uma rede social, é que neste universo a "moeda principal" é justamente a reputação que a mesma criará para si. Isso implica em construir uma imagem ou reputação positiva na rede (Hunt, 2010).

Construir esta reputação significa contribuir, enriquecer, compartilhar, auxiliar, o que não tem, direta ou necessariamente, nada a ver com vender.

Desta forma, muitos podem pensar: como isso tudo poderá ser revertido em venda e lucro para minha empresa? A resposta a essa pergunta está justamente na força que a empresa terá com os contatos que vai estabelecer, dependendo, obviamente, da maneira que fizer isso.

Imaginemos uma agência de turismo postando informações e curiosidades de maneira contínua em sua página do Facebook. Ela pode, por exemplo, começar apenas falando sobre o "açaí", suas propriedades, sabor, benefícios para a saúde etc. Depois, no dia seguinte, pode postar algo com dicas de culinária e receitas típicas usando o açaí, dadas por um chefe de cozinha de um pequeno e charmoso restaurante da "lááá" da vila de Jericoacoara (CE). No outro dia, coloca uma relação de alguns outros vários destinos onde se pode apreciar deliciosos pratos preparados à base do açaí. Na sequência, no meio de tudo isso, posta um link contando a história de um velho morador, "lááá" de um vilarejo do norte do país que relata em detalhes como é a vida daquelas pessoas que vivem da colheita do açaí.

Neste caso, podemos inferir que a probabilidade de uma pessoa dar continuidade ou ter interesse na leitura da página desta agência é muito maior do que se ela apenas visualizasse *banners* com promoções, roteiros etc.

Enquanto vai postando curiosidades sobre o açaí, a agência poderá trazer informações e curiosidades sobre locais e destinos turísticos. Falar sobre locais e destinos, trazendo curiosidades que nem sempre estão disponíveis aos turistas, poderá gerar maior interesse do internauta do que as propagandas convencionais.

O seu interesse pode ser maior justamente porque a página traz informações descompromissadas e interessantes para todo mundo, independentemente de o indivíduo pretender ou não fazer uma viagem de turismo naquele momento.

A vantagem é que, como ela estará presente com conteúdo interessante, descompromissado e principalmente simpático, a sua reputação e imagem serão fortalecidas na mente dos seus contatos.

As pessoas poderão comentar, complementar informações, curtir ou não curtir, pois se trata apenas de informação, curiosidade, cultura geral e não de um apelo comercial. Por isso, essas pessoas poderão muito mais facilmente pensar nesta agência quando decidirem empreender uma viagem, pois estarão de alguma maneira próximas à empresa, como se fosse uma boa e velha conhecida sua.

Aí está a grande diferença da propaganda nas redes sociais.

É claro que existem também exemplos de resultados positivos de propaganda convencional por meio das redes sociais. No entanto, esta é uma sugestão diferenciada baseada no contexto social implícito nessas redes e que pode ser um caminho para se destacar da concorrência.

Por outro lado, caso uma agência decida ter uma página da sua empresa no Facebook, Twitter ou em outra rede, deve ter a consciência da responsabilidade de gerenciá-la e atualizá-la diariamente. Para Aldan (2011), "[...] estar em uma rede social e não gerenciá-la pode ser mais nocivo à imagem da empresa do que não estar em nenhuma rede social".

Para Terra (2011), é necessário pensar antes de começar a atuar nas redes sociais. Começar sem ter um objetivo definido é o mesmo que se ter um mapa e não saber o destino que se pretende chegar. Então, qual seria o objetivo da agência? Reconhecimento da marca? Vendas? Aumento do canal de comunicação com os clientes?

Quanto mais definido estiver o objetivo, mais rápido poderá surtir resultado. "Se você estiver fazendo porque o seu concorrente está fazendo e parece estar se divertindo com isso, bom, divirta-se também. Mas, contente-se com a diversão e esqueça a tarefa de discutir resultados" (Terra, 2011, p. 161).

Para as pequenas e médias agências de turismo, estar presente nas redes sociais e gerenciar isso de maneira correta pode sugerir um aumento a médio e longo prazo na sua carteira de clientes e, consequentemente, em sua receita. O mais importante é que o único investimento necessário será em energia, gerenciamento e criatividade do empreendedor.

É necessário que os empresários busquem essas tecnologias e pesquisem sobre as variadas ferramentas disponibilizadas *on-line*, conheçam o seu funcionamento e recursos. Algumas importantes redes sociais já estão oferecendo até mesmo um espaço destinado ao mundo corporativo diante do crescente número de empresas presente nessas redes.

Para isso, deve destinar um pouco do tempo para desenvolver suas páginas e gerenciá-las diariamente. Caso não domine as ferramentas da Web para fazê-lo pessoalmente, é importante que acompanhe as ações do colaborador designado para tal, verificando se as informações produzidas no ciberespaço estão conectadas com os demais departamentos da empresa, principalmente o de vendas e o de marketing.

Analisando, mesmo de maneira pouco profunda, os efeitos positivos e negativos que o impacto das redes sociais podem surtir no mercado de agenciamento de viagem, é possível afirmar que os positivos sobressaem.

Desde que os empresários destinem-se a entender o correto funcionamento dessas ferramentas, e passem a investir um pouco na sua utilização, acreditamos que as redes sociais possam auxiliar sobremaneira a comunicação dessas empresas com seu mercado consumidor, como também na captação de novos clientes.

TECNOLOGIA MÓVEL: *RUN, FORREST, RUN!*[7]

Podemos entender por tecnologia móvel, ferramentas e dispositivos que permitem, em movimento, o uso e o acesso à comunicação de uma maneira geral.

A tecnologia móvel desencadeou uma revolução extremamente importante no cotidiano pessoal e corporativo do mundo contemporâneo.

Hoje, as pessoas conseguem estar conectadas continuamente, não importa o local em que se encontrem. Para isso, basta uma conexão com a internet por meio de sistemas de telecomunicação móvel (*Wi-fi*, *wireless* etc.), de celulares, palms,[8] smartphones[9] (telefones inteligentes), computadores portáteis e os mais recentes tablets.[10]

Se a internet já mudou drasticamente o cotidiano das pessoas, a tecnologia móvel veio acentuar ainda mais essa mudança. A rapidez do acesso à informação tornou-se muitas vezes maior, uma vez que a pessoa não precisa mais estar em sua casa ou no seu escritório para receber um *e-mail*, ler uma notícia ou interagir nas redes sociais.

Na abertura do 1º Seminário Internacional de Jornalismo *On-line* (MediaOn), em junho de 2007, Michael Rogers, futurista do *The New York Times*, afirmou:

> Hoje, o que temos ainda é a predominância do texto e da imagem. Mas isso cada vez mais será agregado a som, vídeo, em equipamentos cada vez menores e de fácil manuseio. O que hoje eu me pergunto é o que virá para substituir o laptop. Em 2012, o que estará disponível? A minha resposta para isso é que vai haver algo que faça tudo e caiba na minha mão.[11]

7 "*Run, Forrest, run!*" é um bordão que se popularizou na década de 1990, extraído do filme norte-americano *Forrest Gump: o contador de histórias* (1994). No filme, o personagem, que sofre de uma espécie de retardamento mental, torna-se um corredor muito rápido, que percorre todo o país atraindo dezenas de pessoas que o seguem. O termo simboliza algo como "Corra por sua vida".

8 Palm top: *personal digital assistants* (PDAs, ou *handhelds*), assistente pessoal digital ou palmtop, é um computador de dimensões reduzidas, que cabe na palma da mão.

9 Smartphone: telefone celular com funcionalidades avançadas que podem ser estendidas por meio de programas executados pelo sistema operacional.

10 Tablet: computador em forma de prancheta eletrônica, sem teclado e com tela sensível ao toque.

11 Disponível em: <http://noticias.terra.com.br/educacao/interna/0,OI1684306-EI8266,00.html>. Acesso em: 13 fev. 2012.

Podemos avaliar que as previsões do especialista estavam corretas. Em 2007, aparelhos revolucionários como os tablets e smartphones simplesmente não existiam. Pelo menos não com todos os recursos que hoje estes disponibilizam.

Na última década assistiu-se à convergência das comunicações sem fios e da internet. Hoje, os aparelhos celulares apresentam-se como uma plataforma de acesso à internet que permite um acesso de alcance sem precedentes de serviços, informações e do comércio eletrônico.

Conforme alguns especialistas, para as empresas, o grande desafio com a chegada da tecnologia móvel é disponibilizar a informação de modo objetivo e principalmente prático, para que possa ser acessada e utilizada por meio dos dispositivos móveis.

Sabe-se que o setor de viagens e turismo é amplamente baseado na informação. A decisão e a escolha do consumidor sobre um produto, serviço ou destino turístico depende muito da qualidade e da precisão das informações obtidas sobre eles.

Ao pensarmos sobre os tipos de informação e serviços que envolvem a organização de uma viagem e aquilo que hoje está disponível por meio da tecnologia móvel percebemos que os conteúdos disponíveis por meio desses dispositivos vão além.

- *Informação* (eventos, meios de hospedagem, destinos, atrações, metereologia, mapas, Global Positioning System [GPS], condições das estradas, imagens, vídeos, notícias etc.).
- *Serviços* (consulta de horários de voo, trens, ônibus, espetáculos etc.; disponibilidade em meios de transporte, hospedagem e outros; reservas; envio e recebimento de *e-mail*; dentre outros).
- *Opções de compra e de pagamento.*

Isso significa que agora para comprar algum produto ou serviço turístico, o cliente não precisa necessariamente mais, nem mesmo, estar em frente ao seu computador pessoal, na sua casa ou escritório.

Por isso, é muito importante que as agências de turismo estejam atentas às mudanças e à necessidade de estarem conectadas ao mundo virtual dos clientes de alguma maneira.

Para Santaella (2008), a tecnologia móvel permite a integração do mundo virtual com o mundo real, o que pode fazer muita diferença no contexto do consumo, principalmente no consumo de turismo que, de maneira geral, é feito mediante o consenso de duas ou mais pessoas.

Para ilustrar o que diz Santaella, imaginemos um grupo de amigos tomando um chope no final do expediente.

Chope que terminou na Bahia

Sérgio, Luiz e Arnaldo são três jovens de 23, 21 e 25 anos que trabalham em uma grande empresa de logística no centro de São Paulo. Embora jovens, tinham um rendimento que lhes proporcionava uma vida confortável.

Sérgio ainda morava com seus pais, pois pagava as últimas parcelas do seu primeiro apartamento e não queria arcar com o aluguel. Luiz e Arnaldo dividiam um apartamento nas imediações do trabalho, pois Luiz era de Curitiba e a família de Arnaldo morava em Franca, no interior de São Paulo.

Após um dia intenso de trabalho, Sérgio, Luiz e Arnaldo seguiram para o boteco do Sr. Joaquim para o habitual chopinho das sextas-feiras. O dia estava quente. Novembro é um mês de muito trabalho na empresa e todos ansiavam pelo feriado de 15 de novembro. Tiraram suas gravatas, desabotoaram os primeiros botões do colarinho apertado e pediram o primeiro copo.

Sérgio: *Pensei em ir para a praia no próximo feriado.*

Luiz: *Nossa, era tudo o que eu estava precisando também.*

Arnaldo: *Teremos só três dias, e a essa altura tudo já deve estar lotado. Vocês são malucos de querer ir para a praia nesta época. Não enfrento o trânsito de feriado nem morto.*

Depois de alguns chopes, alguma paquera e muita conversa-fiada, os três amigos estavam muito mais relaxados. Em determinado momento, chega um casal trajando roupas leves, coloridas e usando nos pés uma despojada sandália de borracha. Eles pareciam mesmo estar em férias. Sérgio, observando como estavam confortáveis, voltou a lembrar da sua vontade de tirar alguns dias e do quanto se sentia cansado. O calor que fazia naquela noite aumentava ainda mais o desejo de viajar.

Sérgio *Nossa, eu preciso mesmo ir para a praia, cara. Este é o último feriado do ano. Eu mereço isso.*

Imediatamente, sacou o seu iPhone e começou a procurar no TripAdvisor algumas dicas sobre pousadas em Ubatuba. No próprio site, viu um link com o anúncio da TAM que ofertava passagens para Salvador com desconto. Ao consultar, verificou que havia lugares disponíveis na data do feriado de 15 de novembro, porque a TAM acabara de abrir um voo extra.

Sérgio *Gente! Podemos ir para Salvador em vez de Ubatuba! Tô vendo aqui um preço incrível de passagem aérea. Seria uma opção para fugir do trânsito, Arnaldo...*

Arnaldo *Não sei... deixa eu checar aqui o que você está dizendo...*

Arnaldo, então, pega o seu aparelho e começa a checar a informação dada pelo amigo. A esta altura, Luiz já estava conectado quando disse:

(*continua*)

Luiz	*Pessoal, tô vendo no site da operadora "X" que ela tem vaga para um hotel bem maneiro em Salvador. Vou reservar um apartamento para a gente enquanto decidimos, pois parece que só tem mais dois. Deixa eu ver aqui se eu consigo segurar...*
Arnaldo	*Calma aí, gente! As coisas não são assim, né! Eu tenho que preparar a apresentação para a reunião que teremos com a GM no dia 20 e pensei em usar o feriado para trabalhar e revisar tudo. Vocês sabem o quanto este cliente é importante para mim.*
Sérgio	*Cara, mas a reunião já foi confirmada?*
Arnaldo	*O diretor ficou de confirmar certinho a data. Peraí, deixa eu ver aqui se chegou algum e-mail dele...*
Luiz	*Então veja. Enquanto isso tento achar algum comentário de alguém que já tenha ficado neste hotel.*
Arnaldo	*Galera, vocês não vão acreditar! A reunião foi antecipada para semana que vem. Já vi que terei de trabalhar neste fim de semana, então com certeza mereço relaxar no feriadão. S´imbora para Salvador, moçada!*
Luiz	*Nossa, cara, com certeza! Demorou. Já vou então mandar uma mensagem pro Xandão, meu amigo que mora ali na Ondina, para saber se ele vai poder estar lá nesta data. Ele sabe tudo das baladas...*
Sérgio	*Pronto! As passagens estão reservadas... Peguei o preço mais em conta... Vou passar aqui no meu cartão, pois quero acumular milhas, estou juntando para as minhas férias. Depois vocês acertam, pode ser?*
Luiz	*Beleza, Sérgião. Olha só, tô vendo aqui que o hotel pode ser pago em boleto bancário, vou parcelar em três vezes. Amanhã a gente imprime os boletos e cada um paga uma parcela, assim facilita, beleza?*
Arnaldo	*Já estou avisando que sou eu que vai pagar a última, hein!*
Sérgio	*Falou, Arnaldo... Eu posso pagar a primeira se for preciso, porque eu já estou até ouvindo a batucada do Olodum... Ha, ha, ha.*
Arnaldo	*Ha, ha, ha... Ótimo! Já que você está cheio da grana, então a primeira rodada de chope em Salvador será por sua conta também...*
Sérgio	*Fechado!*

Nesta história, é possível visualizar a rapidez com que a decisão de viajar para Salvador foi tomada pelos amigos. Elementos que poderiam ser impeditivos, por exemplo, a reunião da GM ou a forma de pagamento, também foram facilmente sanados com o acesso proporcionado pela tecnologia móvel.

Podemos aferir neste caso que:

- O fato de estarem em um ambiente de lazer remeteu mais facilmente o pensamento para algo prazeroso, neste caso, a viagem do feriado.
- Elementos impeditivos como a falta de vaga nos hotéis ou o trânsito do feriado, não foram fortes o suficiente para que após alguns chopes, os amigos voltassem a falar da viagem à praia, que é uma coisa muito prazerosa.
- O fato de estarem com seus smartphones fez com visualizassem um voo da TAM que acabara de ser aberto e, por isso, conseguiram reservar a tarifa mais barata; da mesma forma que descobriram a disponibilidade em um hotel "maneiro".
- O acesso ao *e-mail* ajudou Arnaldo a tomar a decisão naquele momento. Se ele tivesse de esperar até o outro dia para dar a resposta, provavelmente não conseguiria a mesma tarifa dos amigos.

Este é um exemplo de conexão do mundo virtual com o mundo real. Se a tecnologia móvel não estivesse ao alcance desses amigos no momento em que estavam no boteco, talvez no dia seguinte, eles pudessem esquecer o "papo" sobre a viagem ou então descobrir algum outro elemento impeditivo que faria com que não contratassem os serviços de passagem e de hotel.

A afirmação de que os momentos de lazer ou o tempo livre do consumidor são mais favoráveis às decisões de viagem é reafirmada pelo relato de uma profissional com larga experiência em viagens de lazer:

> Estou sempre com meu celular ligado nos fins de semana. Abro meus *e-mails* e meu "*Face*" direto [...] sábado, domingo, feriado... principalmente à noite, pois é a hora em que as pessoas estão reunidas com os amigos e a família. Já cheguei a responder um "*twitte*" no meio da festa de casamento do meu irmão. [...] Acho que o fato de eles saberem que você está *on-line* faz com que eles te contatem na hora [...] ganhei muita venda assim [...] muitas vezes eles esperam meu orçamento pelo simples fato de eu responder "*OK... amanhã estará no seu e-mail*" (Bonini, 2011).[12]

É claro que não se pretende dizer com isso que todos os agentes de viagem devam estar conectados 24 horas por dia, mesmo porque isso seria muito complicado por diversas razões, principalmente para aqueles que não recebem comissão sobre suas vendas e por uma série de outras questões trabalhistas que ultimamente vêm sendo discutidas.

12 *Face*: abreviação para a rede social Facebook; *twitte*: linguagem coloquial do Twitter, rede social que permite aos usuários enviar e receber atualizações pessoais de outros contatos (em textos de até 140 caracteres, conhecidos como *tweets*), por meio de website do serviço, por SMS e por *softwares* específicos de gerenciamento.

Mas isso serve para demonstrar o quanto é importante a agilidade, a objetividade e a rapidez nas respostas dadas aos clientes no dia a dia de uma agência de turismo.

Será que, se os amigos de nossa história tivessem o contato de uma agência de turismo em suas redes sociais com a qual tivessem desenvolvido certa afinidade e simpatia pela maneira que esta se apresenta na rede, não se lembrariam de acessar também sua página enquanto buscavam alternativas para sua viagem a Salvador?

Será que o cliente que mandou uma mensagem pelo Twitter para a profissional naquela madrugada também não mandou, ao mesmo tempo, a mesma solicitação para outras agências que estariam em seus contatos ou em suas redes sociais, e a agilidade com que recebeu o retorno foi o que fez a diferença na opção pela empresa?

Entendendo que a compra direta feita pelos personagens de nossa história, por meio de seus iPhones, ainda não se configura como o principal canal de consumo turístico para os brasileiros e que neste caso, não há profissionais envolvidos, vamos argumentar o exemplo com enfoque na concorrência que poderia ser travada entre as agências de turismo para a conquista desses clientes e dessas vendas.

Caso os clientes desses exemplos tivessem o interesse em buscar um profissional ou ainda, não se sentissem seguros para efetuar uma compra pela internet, podemos afirmar que, segundo a teoria que diz que no mundo digital *"será o mais rápido engolindo o mais lento"*, imaginamos que a ordem nas chances de sucesso neste caso seriam:

1º do profissional conectado em tempo integral por meio de tecnologia móvel às principais redes sociais; que tem acesso às suas ferramentas de consultas e reservas em seus dispositivos móveis; que pode fornecer resposta imediata ao cliente;

2º da agência de turismo presente na internet com site bem elaborado, contendo informações atualizadas e interatividade; presente nas redes sociais com gerenciamento contínuo de sua página; que facilita a comunicação com o departamento de vendas; que controla a rapidez e a objetividade das respostas dadas aos clientes contatados por este veículo;

3º da agência de turismo presente na internet que possui site padronizado, geralmente abastecido por terceiros e que contém muitas vezes informações desatualizadas; que está presente nas redes sociais sem o contínuo e correto gerenciamento de suas páginas; que não mantém boa comunicação com o seu departamento de vendas, e por isso, leva mais tempo para dar resposta aos clientes contatados por meio deste veículo;

4º da agência de turismo que não está presente na internet; nem em nenhuma rede social; que mantém o contato com seus clientes de maneira tradicional, recebendo solicitações apenas por telefone, visita ou *e-mail*.

A tecnologia móvel já é uma realidade. A previsão é que cada dia mais a facilidade e o acesso à informação e às alternativas de consumo estejam mais próximas dos clientes.

Para as agências de turismo, pode ser encarada não como uma forma de concorrência, mas como uma força de empuxo fazendo com que se movimentem mais rapidamente em direção ao futuro. A tecnologia móvel pode ser um dos maiores "treinadores" das agências de turismo brasileiras que pode ajudar ou ao menos exigir que ganhem força e "musculatura" para continuarem na veloz maratona dos tempos atuais.

É possível afirmar que o futuro imaginado pelos que assistiam os Jetsons na infância já é o presente e a realidade para as recentes e futuras gerações de consumidores.

Não se pode mais acreditar que os modelos tradicionais de contatos com os clientes, de exposição das empresas e dos produtos etc. irão continuar a satisfazer os consumidores e serão suficientes para a sustentabilidade das agências de turismo no Brasil.

É necessário compreender que os Jetsons, família que muito fez rir no passado, não mais fazem rir as crianças de hoje, e se as agências quiserem tê-las como clientes em um futuro muito próximo deverão começar a ver hoje a graça em outros "desenhos animados", como também devem se adaptar ao novo modelo de comportamento social e corporativo que foi trazido pelas novas tecnologias.

Infelizmente, o delicioso desenho futurista *Os Jetsons* agora é somente uma linda lembrança do passado.

EXERCÍCIOS DE REFLEXÃO

Acompanhe pelo menos três agências de turismo em redes sociais para:

- Avaliar a "reputação" da agência na rede.
- Por meio da maneira como a agência se comporta na rede, verificar se é possível identificar o seu principal objetivo com esta ação.
- Avaliar o grau de interesse que a agência lhe desperta.
- Elencar os pontos fortes e os pontos fracos de cada uma delas.
- Escolher a sua agência favorita e justificar o motivo.

CAPÍTULO 6

Navegando em outros mares: capacitação e mercado

OBJETIVOS DO CAPÍTULO

- Tratar o significado e a importância da capacitação nas agências de turismo.
- Avaliar os elementos que dificultam o processo de capacitação das agências de turismo no Brasil e a valorização dos profissionais do setor.
- Abordar o cenário atual do setor de agenciamento no Brasil, diante da movimentação de grandes *players*.

CAPACITAÇÃO PARA COMPETIÇÃO

> Preparar pessoas para atender sempre bem, especialmente nos momentos decisórios, é a missão de qualquer empresa de serviços que queira brilhar no mercado.
>
> Luiz Gonzaga Godoi Trigo (2009, p. 204)

Há muito tempo que se fala da necessidade de treinamento e de capacitação da mão de obra nas agências de turismo, principalmente depois que a internet se popularizou e o *e-commerce* tem proporcionado alternativas para a relação direta dos produtores com os consumidores finais.

Primeiramente, é preciso estabelecer algumas considerações acerca do que realmente significa *capacitação de pessoas*, o que, na maioria das vezes, principalmente no setor de agenciamento, é confundido com "treinamento".

> Entende-se por capacitação o ato ou efeito de habilitar, de tornar uma pessoa capaz, possuidora de faculdades. Potencial e habilidades para estar em estado de compreender e desenvolver uma determinada atividade. Não se confunda com treinamento. Neste, o processo de ensino-aprendizagem é tomado apenas na perspectiva de instruir, transmitir conhecimentos e informações, [...] disciplinar as formas de trabalho e seu cotidiano.[1]

Desta maneira, entendemos que a capacitação é um processo que visa à aquisição e principalmente à compreensão do conhecimento para que os indivíduos possam ter a capacidade de raciocinar, estabelecer relações e ampliar sua atividade profissional com competência.

O desenvolvimento de pessoas engloba experiência, vivência, percepção, cultura e principalmente a capacidade pessoal. Estabelecer interfaces entre as diversas áreas do conhecimento e ampliar o foco de visão é um grande desafio para o profissional contemporâneo. Entender os novos cenários, obter uma visão global, aprender a aprender, e por fim, substituir seus modelos mentais (Pacheco et al., 2009).

Neste sentido, é possível abordar um assunto que durante muito tempo, como docente na área de agenciamento de viagens em cursos superiores de Turismo, nos incomodou. Era comum ouvir dos alunos expressões como: "Não preciso fazer uma faculdade para trabalhar em uma agência de turismo". Talvez isso se deva à falta de adequação dos conteúdos das disciplinas de agenciamento nos cursos superiores de turismo, uma vez que estes visam a dar um conhecimento muito mais voltado às técnicas operacionais do cotidiano das agências de turismo do que efetivamente um conteúdo que propicie ao aluno uma visão mais ampla do que o setor representa na cadeia produtiva do turismo.

De maneira alguma achamos que as técnicas não sejam importantes. Porém, podem ser adquiridas por meio de treinamento, o que, como já vimos, difere do que se entende por capacitação.

Neste sentido, podemos aferir, mesmo sabendo que isso não é efetivamente uma condição, que um profissional que tenha cursado o nível superior vá ter maior facilidade para contribuir nas organizações, principalmente por acreditarmos que os cursos superiores propiciam o contato com várias áreas do conhecimento, ampliando a visão do indivíduo e o ensinando de alguma forma a aprender, a fazer relações, a questionar, o que pode facilitar muito a sua capacitação nas funções que desempenhará.

O que percebemos é que hoje em dia a maioria dos agentes de viagem entendem a necessidade de capacitar sua mão de obra, mas não percebem que o que estão fazendo é basicamente treinamento.

---

1 Núcleo de Estudos sobre Trabalho e Educação. *Apud* Pacheco et al. (2009, p. 22).

Por exemplo, capacitação em vendas, capacitação no destino Bariloche, capacitação em circuitos europeus etc. Geralmente o que é oferecido aos agentes de viagem sejam pelas operadoras de turismo, empresas de tecnologia do setor, hotéis, companhias aéreas, entidades de classe dentre outros, estão mais voltadas ao treinamento com um objetivo específico do que à capacitação como a entendemos.

Por outro lado, observamos que muitos empresários do setor se preocupam em "capacitar" ou "treinar" sua equipe, mas acreditam que eles próprios não precisam de nenhum tipo de capacitação. Ledo engano.

O importante é compreender que capacitar significa uma interação maior, com objetivos mais amplos e que efetivamente possam sugerir uma diferenciação na qualidade dos serviços prestados por uma agência de turismo.

Desta maneira, entendendo que a maioria dos empresários do setor, principalmente os pequenos e médios, administram suas empresas sem necessariamente estarem de acordo com os modelos sugeridos pelos estudos de gestão corporativa; não compreendem com clareza a importância da capacitação de sua equipe; não possuem conhecimento e nem recursos para fazê-lo da maneira correta, buscaremos de alguma forma discorrer sobre algumas atitudes que podem auxiliar o agente de viagens.

De início, é importante compreender que *capacitar* significa *dar condições para*. Neste sentido, o agente de viagens deve responder: *Eu quero que meu colaborador seja capaz de... ou tenha capacidade para...; devo ser capaz de... ou ter capacidade para...*

Se conseguirem responder a estas questões, será possível visualizar que o que se espera pode ir além do que os treinamentos e cursos rápidos podem oferecer.

É necessário haver experiências cotidianas, contínuas e engajadas dentro do ambiente profissional para que os conteúdos externos adquiridos por meio de cursos, treinamentos etc. sejam efetivamente utilizados a favor do profissional, da equipe como um todo e da empresa (Pacheco et al., 2009).

É extremamente importante que os gestores das agências de turismo entendam melhor e dirijam o seu negócio à luz dos modelos sugeridos pelos estudos da gestão corporativa e da administração contemporânea.

Trazendo a abordagem da capacitação e gestão para a realidade das agências de turismo em nosso país, percebemos que:

1. A maioria das agências de turismo no Brasil é dirigida pelo seu proprietário. Muitas são empresas familiares; possuem dificuldade em compartilhar experiências e, deixar que os seus funcionários participem das estratégias de gestão.
2. Mesmo sabendo da importância de capacitar sua mão de obra, existe um subaproveitamento das oportunidades de treinamento ofertadas pelas entidades de classe do setor.
3. Grande parte das agências não possui um planejamento estratégico para a gestão do negócio; muitos empresários sequer sabem o que é isso.

4. Agências investem em tecnologia, mas não percebem a importância de aliar a tecnologia ao elemento humano.
5. Cultura organizacional e percepção da equipe sobre a empresa difícil de ser mudada.

Dentre tantas importantes contribuições que os estudos de administração podem sugerir, acreditamos que ao agente de viagem seja ao menos necessário compreender melhor o que vem a ser planejamento estratégico.

De uma maneira pouco profunda, já que este não é o objetivo central desta obra, podemos dizer que planejamento estratégico é o processo de analisar uma organização sob vários ângulos, definindo seus rumos por meio de um direcionamento que possa ser monitorado nas suas ações concretas, utilizando-se para tanto de um instrumento denominado plano estratégico (Mintzberg et al., 2006).

Pouquíssimos agentes de viagem no Brasil fizeram ou fazem o planejamento estratégico de sua empresa. O que não sabem é que isso pode facilitar muito a gestão do seu negócio, muitas vezes dependendo apenas de um pouco de esforço e de investimento.

O planejamento auxilia a função da administração, significa especificar os objetivos a serem atingidos e decidir antecipadamente as ações apropriadas que devem ser executadas para atingir esses objetivos.

Segundo Philip Kotler, um dos principais autores do marketing moderno, hoje em dia o processo de gestão de empresas está atravessando o que o autor aponta como era de turbulência. Nessa nova era, as empresas não podem mais se dar ao luxo de tomar uma decisão errada e tentar consertar posteriormente. Em resenha de uma de suas recentes obras, Coelho (2009) destaca:

> Em crítica aos modelos de gestão da década de 1990, [Kotler] afirma que [...] gestão de negócios não é guerra pois, nas operações de hoje clientes, fornecedores, distribuidores e investidores não raro também são concorrentes. Nos negócios da era do caos, cada entidade pode empenhar vários papéis e o sucesso de um depende da aplicação de outros, dados o grau de conectividade das operações atuais. Portanto, destruir um concorrente talvez signifique destruir a si mesmo.

Desta forma, verificamos que é imprescindível que nos dias de hoje as agências de turismo tenham um melhor planejamento de suas estratégias e da gestão dos seus negócios. Traçar um plano estratégico de ações pode contribuir muito no processo de gestão de pessoas e na capacitação das mesmas.

O Sebrae oferece cursos *on-line* gratuitos que podem auxiliar o empresário a elaborar o planejamento estratégico de sua empresa. Ademais, em todas as unidades do Sebrae existe uma biblioteca onde o empreendedor encontra livros, revistas, vídeo, publicações especializadas e serviços de informação como pesquisa bibliográfica. São informações seguras e atualizadas sobre assuntos ligados à administração de micro e pequenas empresas.

Hoje, as empresas enfrentam desafios associados ao acirramento da competitividade que já não têm fronteiras bem delineadas. A concorrência não se limita somente mais a produtos similares ou à guerra de preços. O acesso crescente à tecnologia é uma ameaça real. Por isso, a inovação e a competência devem ser incentivadas dentro das organizações por meio do uso do seu capital intelectual, de suas forças de trabalho.

O capital humano de uma organização é muito influenciado pela percepção e julgamento que os seus membros têm e fazem da sua empresa. Por isso, para que haja uma interação das equipes é necessário muitas vezes haver uma mudança na cultura intrínseca de uma empresa. A cultura organizacional, assim como é chamada pelos estudiosos do campo da administração, muitas vezes é construída de uma maneira aleatória, sem objetivo principalmente nas pequenas empresas e mais ainda naquelas de administração familiar. Para Mamede (2007, p. 8):

> A cultura organizacional produz comportamentos funcionais que contribuem para que se alcancem as metas da organização. É também uma fonte de comportamentos desajustados que produzem efeitos adversos ao sucesso da organização. Uma função importante da cultura organizacional é distinguir uma organização de outras e de seu ambiente, proporcionando a esta uma identidade externa. De uma forma similar, cultura provê uma identidade para os membros da organização; ela os aloca em uma estrutura organizacional e ocupacional que é reconhecível por eles mesmos e pelos outros. Cultura também cria um senso de compromisso com uma entidade social maior do que o simples interesse pessoal.

A cultura organizacional da empresa nada mais é do que sua identidade e está ligada diretamente aos procedimentos e atitudes dos funcionários. Portanto, a cultura organizacional é de extrema importância e tem de ser levada em conta em períodos de mudança, assim como em ocasiões de conflitos e divergências acontecidos no ciclo de vida das empresas.

Como já dissemos, no Brasil a maioria das agências de turismo são micro e pequenas empresas e muitas delas possuem uma gestão familiar. Nesse modo de gestão, a formação da cultura organizacional é geralmente instituída pelo perfil e valores de seu fundador. A cultura de uma empresa está relacionada a um conjunto de pressupostos identificado por Chiavenatto como sendo:

- *Normas*: são leis escritas que especificam o comportamento avaliado como certo pela empresa e que deve ser adotado pelos seus funcionários,
- *Valores*: é o que a empresa julga como atitudes importantes para o sucesso, pois os valores nos dão um senso de direção comum e um rumo para o comportamento diário.
- *Histórias e mitos*: são narrativas ouvidas a respeito de casos reais ou não e que aconteceram na empresa relatadas por pessoas mais antigas da empresa.
- *Crenças e pressupostos*: são situações que acontecem na empresa e são apresentadas como verdadeiras. São as percepções do mundo, e que são legitimadas com o tempo.

- *Ritos, rituais e cerimônias*: são atividades, um fato que pode virar notícia, ou até mesmo uma atração dentro da empresa com o objetivo de manter, elevar ou recuperar o conceito da organização junto ao seu público de interesse como exemplo as festinhas, funcionário do mês etc.
- *Símbolos*: são vários itens: a mobília, logotipo da empresa, a marca.

Desta maneira, entendemos que a cultura organizacional é extremamente importante de ser compreendida e concatenada com os objetivos esperados pela empresa.

Podemos inferir que no caso de pequenas empresas a postura e valores do proprietário geralmente condicionam a cultura organizacional da empresa.

Sendo assim, para as agências de turismo é preciso verificar se sua cultura organizacional ou identidade expressam valores que incentivem o desenvolvimento e a capacitação do seu capital humano; sejam flexíveis às mudanças que possam ser necessárias no modelo de gestão; admitam ou estejam aptos a se adequar ao cenário do mercado atual.

Acreditamos que o planejamento estratégico, aliado ao gerenciamento da cultura organizacional da empresa, pode contribuir sobremaneira no processo de capacitação da equipe e na criação de diferenciais competitivos para as agências de turismo brasileiras.

No entanto, gerir uma agência por meio das tendências administrativas contemporâneas não implica abandonar o passado. A cultura, a história, as recompensas, os modelos utilizados ao longo da existência de uma empresa, podem servir de base para a definição de estratégias e ações a serem tomadas.

Adequar os modelos do passado à nova realidade exigida no cenário corporativo contemporâneo é o que, em nosso entendimento, poderá eliminar ou diminuir consideravelmente os riscos à sustentabilidade desse tipo de empresa.

De uma maneira bastante generalizada e nos baseando apenas em nossa experiência profissional, podemos dizer que desde o seu surgimento, a maioria das agências de turismo tomava decisões e agia baseando-se principalmente na intuição dos seus gestores ou então conforme suas emergências e/ou necessidades de curto prazo.

Em uma recente reportagem, a revista *Exame* tratou o sucesso do empresário brasileiro Guilherme Paulus, fundador da CVC, como advindo de um "tempo romântico e amador":

> Dado o tamanho atingido pelo mercado de turismo no Brasil, fica evidente que os tempos que Patriani se acorrentava [na fila para comprar ingressos do show do Roberto Carlos no Canecão na década de 1980] fazem parte de um passado romântico e um tanto amador (Bronzatto e Grando, 2012).

Não nos parece uma afirmação muito coerente chamar de amador o modo pelo qual muitas empresas de turismo começaram suas atividades ou se desenvolveram no Brasil.

A maioria das agências de turismo surgiu da mesma forma que a CVC, lançando mão da criatividade, da pouca tecnologia existente na época, trabalhando muito e seguindo basicamente a sua intuição. Umas deram certo, outras nem tanto. Isso não quer dizer que não eram profissionais.

Ocorre que hoje em dia o que se entende por profissionalismo está muito mais relacionado às inovações tecnológicas, às tendências de marketing e administração, às padronizações, às competências etc. É uma nova onda de mudanças na qual os setores precisam aprender a "surfar". E esse "aprender" está sendo compreendido como "se profissionalizar".

Na verdade, o que vemos no mercado de turismo é que existe uma grande quantidade de profissionais competentes por sua formação e experiência profissional, que detêm grande conhecimento e vivência no mercado, mas que não conseguem "surfar" nessa nova onda. Ao mesmo tempo, há um grande contingente de novos profissionais supertreinados e capazes de surfar nesta onda, porém sem vivência nem experiência suficientes, que pode ser fundamental para sua sobrevivência caso essa onda arrebente de maneira inesperada.

Acreditamos que no futuro, à medida que os novos profissionais forem adquirindo experiência e que sua vivência no mercado for maior, poderão ser tão ou mais competentes do que os primeiros. Por isso, é fundamental que na denominada era da turbulência os antigos profissionais tentem se adaptar às técnicas e tendências da nova onda, para que, quando ela arrebentar, possam conseguir nadar como os novos profissionais que estarão no mercado.

Com essa argumentação, entendemos que o amadorismo do setor daqui para frente será o termo para designar os que não estiverem adaptados e capacitados segundo as tendências do cenário contemporâneo; os que insistirem nas atitudes arcaicas e contraproducentes que, infelizmente, ainda fazem parte do cotidiano profissional de muitas agências de turismo.

VENDE MAIS PORQUE É PROFISSIONAL, OU É PROFISSIONAL PORQUE VENDE MAIS?

Muito se fala sobre a importância da profissionalização do setor de agenciamento. Mudanças sugerem a urgência de uma readequação dos velhos paradigmas. Por isso, aproveitamos este momento para estabelecer uma reflexão sobre os profissionais que atuam nas agências de turismo em nosso país.

Para isso, servimo-nos de uma pesquisa do MTur (2006) que, dentre outros aspectos do setor, aborda a questão de sua mão de obra:

> [...] em anos recentes cresceu vertiginosamente o número de cursos e instituições dedicadas ao turismo. O salário médio pago aos empregados do setor ainda é muito baixo, o que é uma das razões porque a atividade é relativamente desprestigiada e por vezes tem dificuldade em atrair pessoal qualificado. [...] O *trade* é conhecido pela alta rotatividade,

> horas de trabalho pouco usuais, empregos sazonais. [...] Imagem que acaba por afetar também as agências e operadores de turismo. Essas características também reforçam a concentração da receita do setor nas mãos de algumas poucas e grandes empresas que podem oferecer condições salariais diferenciadas a alguns funcionários principais.

Entendemos que a questão da baixa remuneração dos agentes de viagem apontada pelo MTur deva ser analisada em um outro momento mediante uma comparação com os salários de outros setores, o que não é feito na referida pesquisa. No entanto, isso não impede que a utilizemos para estabelecermos uma discussão.

A remuneração de boa parte dos funcionários das agências de turismo, principalmente os de seu departamento de vendas, geralmente é composta por um salário fixo que muitas vezes é complementado por uma comissão sobre sua produção mensal. É certo que o percentual dessas comissões varia muito e que sem dúvida algumas agências pagam muito mal suas equipes.

No entanto, tratando daquelas que pagam um percentual adequado à realidade do mercado, podemos compreender que, numa agência de turismo, o profissional ganha conforme sua produtividade.

Nesse sentido, será que os baixos salários não estariam também, de alguma maneira, relacionados à baixa produtividade, que, por sua vez, estaria relacionada à falta de preparo e competência desses profissionais?

Claro que um profissional, por mais competente e capaz que seja, não conseguirá desempenhar um bom papel em uma empresa que não ofereça as condições necessárias a ele. Ferramentas de tecnologia, informação, ambiente adequado, estratégias de marketing, entre outras, são alguns dos elementos que influenciam o desempenho de um profissional dentro de uma organização. Muitas vezes, isso depende exclusivamente da competência de gestão e de investimento da agência.

Retomando o assunto que já mencionamos sobre a questão da importância da capacitação abrangente dos profissionais que atuam nas agências de turismo, percebemos que, de modo geral, esses profissionais sempre foram compreendidos como técnicos.

Também como já dissemos, tanto para a academia quanto para muitos empresários do setor, "para trabalhar em uma agência não é preciso ter faculdade". Ouvimos isso diversas vezes, tanto dos colegas de docência quanto dos de profissão.

Nos cursos de turismo, como docente, percebemos que a disciplina sobre agência de viagens era considerada, por muitos colegas, principalmente os que tinham uma visão mais humanista do turismo, como algo complementar, técnico, de pouca relevância e profundidade que serviria única e exclusivamente para atender às necessidades de um mercado composto por empresários capitalistas. Essa é também a percepção de outros colegas, de instituições públicas e privadas, que atuam como docentes da disciplina Agências de Viagem.

De outro lado, enquanto empresária, víamos que o empresariado achava que os alunos saídos dos cursos de turismo não estavam preparados para trabalhar em uma agência, pois muitos não tinham noções necessárias de geografia, não dominavam a terminologia básica do setor e sequer sabiam utilizar as ferramentas essenciais como os GDS, por exemplo.

Ambos os pontos estão equivocados. Se por um lado a academia deve compreender que o conhecimento deva ser aplicado de maneira a contribuir também para as expectativas do setor de agenciamento, ao mesmo tempo o empresariado deve entender que os cursos superiores de turismo não formam profissionais técnicos e que o conhecimento para utilização de ferramentas como o GDS é algo que se adquire por meio de um curso que dura uma semana e que será aperfeiçoado mediante a utilização contínua do mesmo.

Para Olga Tulik, uma das mais experientes acadêmicas de turismo no Brasil, "[...] é necessário que o mercado avalie a importância e contribuição de toda pesquisa que foi desenvolvida sobre turismo no Brasil desde a criação dos cursos superiores". Para ela, o setor de agenciamento também foi beneficiado com a produção científica dos alunos saídos da universidade, no entanto, compreende também que ainda seja necessário haver um maior entendimento sobre as reais potencialidades e desafios desses profissionais, tanto pela academia como pelo mercado de forma geral.[2]

Percebemos que tanto o universo acadêmico quanto o empresarial não consideram o agente de viagem como um profissional que necessite ser imbuído de conhecimentos mais abrangentes, reduzindo-o a um patamar tecnicista de segunda ordem dentro da cadeia produtiva do turismo.

Recentemente, a presidenta Dilma Rousseff sancionou a regulamentação da profissão de turismólogo. Não vamos entrar no mérito dessa questão polêmica, que nada poderá acrescentar ao que se pretende expor neste texto. Porém, é preciso saber o que alguns profissionais do setor de agenciamento disseram a respeito.

Uma reportagem de um importante jornal do *trade* turístico teve como chamada: "Para agências de viagem, diploma não vale nada". Em entrevista, o presidente do Sindetur afirmou: "Diploma não vale nada, o conhecimento, a boa vontade e a experiência acumulada ao longo de uma carreira são os fatores primordiais para um bom desempenho". Porém, na mesma entrevista, defende que nos quadros de hotéis, restaurantes, empresas de organização de feiras e estatais existem vagas específicas para os bacharéis de Turismo (*Panrotas*, 2012).

Deixamos aqui nossa indignação. Se existem vagas em hotéis, restaurantes etc., por que não pode haver também em agências de turismo? Apenas a título de curiosidade, no mais alto escalão de executivos da CVC Operadora, estão, também, vários bacharéis em turismo.

Não pretendemos, sob nenhum aspecto, defender aqui uma reserva de mercado ou

---

2 Olga Tulik, bacharel e licenciada em Geografia, mestra em Geografia Humana e doutora em Ciências Humanas pela USP. Livre-docente em Turismo e Lazer na ECA/USP. Atuou na pós-graduação da Unibero e coordenou o curso de Turismo na Cásper Líbero. Autora dos livros *Turismo rural* (Editora Aleph) e *Turismo e hospedagem* (Editora Roca). Entrevista concedida à autora em 1º de fevereiro de 2012.

então promulgar que o bacharel em turismo seja essencial e indispensável para o setor de agenciamento. Não é. Por isso, achamos que a retórica sobre a regulamentação da profissão ainda é muito inconsistente. Nem por isso podemos conjugar a ideia de que as agências não necessitem de profissionais com algum curso de nível superior.

O mais importante é avaliar a competência e as qualidades do indivíduo de uma maneira mais abrangente, suas competências e habilidades como um todo, independente da formação que possua, desde que seja um indivíduo que se mostre capaz de desempenhar as funções exigidas e que possa efetivamente contribuir para o setor.

Sem maior aprofundamento, podemos dizer que basicamente o que pode diferenciar um profissional com nível superior daquele formado pela prática é de certa forma a percepção e o conhecimento que o primeiro detém sobre o segundo em sua capacidade para estabelecer relações, pesquisar informações, assimilar conceitos e processos e, com isso, melhor desempenhar a prática.

O que defendemos em nossa discussão é a necessidade de maior valorização dos profissionais que atuam nas agências de turismo, sejam eles formados pela prática, pela academia ou por ambos, tentando extirpar a condição "técnica" a eles relegada.

Daqui para frente, acreditamos que as agências de viagem devam, cada vez mais, abrigar profissionais que tenham algum tipo de formação superior, seja ele em turismo ou em qualquer outra área. Ao mesmo tempo, esperamos que haja, por parte dos estudantes de turismo, um maior interesse pela atuação nas agências de viagem que, uma vez despidos dos preconceitos impostos no decorrer de sua formação acadêmica, possam contribuir de maneira mais visível no setor, já que estas empresas fazem parte da área que escolheram para atuar.

Como as agências de turismo poderão competir no veloz cenário do mundo contemporâneo sendo percebidas como empresas que possuem em sua maioria profissionais que são entendidos como "técnicos"?

É claro que no turismo, como também em outros setores, a experiência e a vivência profissional são muito importantes. No entanto, o conhecimento e a vivência acadêmica, de qualquer área do conhecimento, promovem uma visão mais ampla ao indivíduo.

De forma alguma, desprezamos a importância e contribuição dos exímios profissionais atuantes no mercado que foram formados pela prática, pelas inúmeras viagens, pela sua competência, ousadia e visão.

Ao contrário, acreditamos que os que *são/estão* devem complementar os que virão para que estes possam *ser/estar* também. Somente dessa forma pensamos que o universo profissional dos agentes de viagem será mais valorizado.

É improvável que os novos profissionais, mesmo com nível superior em Turismo ou em qualquer outro curso, sejam capazes de sozinhos poderem agregar algum valor ou diferenciação na qualidade da mão de obra do setor de agenciamento. A contribuição deles se dará por meio da observância daquilo que já foi e está sendo executado.

A experiência dos que estão no mercado, aliada ao devido preparo e capacidade daqueles que chegarão, poderá trazer para as agências de turismo, no futuro, profissionais que possam contribuir de maneira mais producente, não só nos processos técnicos operacionais e de vendas, mas também no planejamento e nas estratégias da empresa como um todo.

Podemos inferir que se as agências de turismo abrigarem cada dia mais profissionais com nível superior a médio e longo prazo, poderão aumentar a sua produtividade, fazendo com que a remuneração do setor também seja maior.

Por isso, é imperativo que o setor compreenda que a inexperiência dos recém-formados de hoje poderá no futuro vir a ser um diferencial competitivo, se este for um indivíduo capaz de conjugar o conhecimento adquirido em uma faculdade com a prática exigida em uma agência de viagem.

Acreditamos assim que, de uma maneira natural, bons profissionais poderão ser encontrados também nas empresas menores e não mais somente nas grandes organizações, que podem pagar seus salários. Haverá a valorização do *profissional agente de viagem* por parte de todas as instâncias da sociedade.

Sendo assim, a realidade hoje mostra que ainda se é profissional porque vende mais, uma vez que, segundo a pesquisa do MTur, somente grandes empresas podem pagar por bons profissionais. No entanto, esperamos que no futuro todo o setor possa dizer: vende mais porque é profissional.

É importante a compreensão de que cada vez mais o elemento humano será parte fundamental para a consolidação das empresas no cenário contemporâneo, principalmente para o setor de serviços, que é o caso das agências de turismo.

GENTE QUE FAZ PARTE DE GENTE. GENTE QUE ATENDE GENTE

Retomando nossa abordagem sobre a importância da capacitação e a aliando agora a questões que balizam a gestão de empresas no mundo atual, podemos afirmar que, cada vez mais, *gente* é o que mais poderá gerar diferenciais competitivos para as agências de turismo.

Por isso, o investimento na capacitação das equipes, em um sentido mais abrangente, voltado à sua capacidade de correlacionar, criar, encontrar soluções e participar do processo de gestão, é cada vez mais importante.

Durante muito tempo, as empresas, e também as agências de turismo, exigiram dos profissionais resultados de caráter operacional. As estratégias ficavam geralmente nas mãos dos gestores. No entanto, é imperativo compreender que:

> As pessoas não fazem somente parte da vida produtiva das organizações. Elas constituem o princípio essencial de sua dinâmica, conferem vitalidade às atividades e processos, inovam, criam, recriam contextos [...] (Davel e Vergara, 2001. *Apud* Pacheco et al., 2009, p. 33).

Neste sentido, o que adianta chamar o funcionário de colaborador, se não lhe é dada a chance de efetivamente colaborar com a organização? "A valorização dos profissionais e do capital intelectual da organização é condição básica [...] o investimento em seus potenciais trará maior amadurecimento à organização como um todo" (Pacheco et al., 2009, p. 48).

Para Senge (1990. *Apud* Pacheco et al., 2009), tudo na sociedade e nas organizações consiste na aprendizagem e na evolução das pessoas como indivíduos e parte integrante de grupos sociais. As pessoas aprendem no dia a dia, ao longo do tempo, e este processo é mais produtivo quando fazem aquilo que "fazem bem" e que "gostam de fazer". Isso resulta numa percepção de pertencimento e consequente autovalorização.

É necessário observar melhor nossas reais habilidades e competências, como e principalmente da equipe. Vamos tentar descobrir o que cada um faz de melhor e permitir que isso seja posto em prática. Ninguém é bom em tudo e ninguém é mal em tudo. O importante é aproveitar o que cada um tem de melhor e usar isso a favor da organização.

Outro aspecto importante que deve ser observado no processo de capacitação é a complexa e dificultosa compreensão e atuação do que se entende por trabalho em equipe.

Existe uma afirmativa anônima conhecida pelos profissionais da área de recursos humanos que diz: *somos competentes individualmente e incompetentes coletivamente.* Essa afirmação enfatiza o êxito e o sucesso pelo desempenho individual. O mundo contemporâneo mostra que se exigem mudanças nessa percepção (Senge, 1990. *Apud* Pacheco et al., 2009).

Em contrapartida, existe também outra afirmação anônima que expressa o contrário: *nenhum de nós é melhor que todos nós juntos.* Esta última é mais coerente com o tempo que vivemos, no entanto, poderíamos ampliar sua abordagem para: *nenhum de nós fazendo o que sabemos fazer é melhor que todos nós juntos fazendo melhor o que sabemos fazer.* Desta forma, o "todos nós juntos" tem uma força ainda maior quando permite que cada membro contribua com seu melhor.

Interessante avaliar esta questão, pois quantas organizações permitem isso? Ou ainda, quantas delas conseguem efetivamente obter os bons resultados do trabalho em equipe?

Hoje em dia, existem infinitas técnicas para desenvolver o espírito de equipe entre grupos de pessoas. Sabemos que, muito embora a maioria das agências de turismo seja empresa média ou pequena, talvez sem muito dinheiro para investir nesse processo, é possível apontar alguns caminhos.

Existe muita bibliografia, muitos cursos *on-line* e muita informação sobre as técnicas da formação de equipes. O agente de viagens tem condições de aprender sobre o assunto e ir gradativamente implementando o trabalho em equipe conforme a cultura organizacional da sua empresa. Esta é uma excelente receita para se obter bons resultados.

Outro erro recorrente no setor refere-se ao arcaico pensamento de alguns empresários, que dizem: *não vou gastar dinheiro treinando minha equipe para depois ele ir trabalhar na concorrência.*

Muitos, por exemplo, não deixam seus vendedores participarem de *famtours,*[3] com medo do contato que seu funcionário poderá ter com outros profissionais ou então, para que ele, o dono da agência, não perca a oportunidade de viajar.

3 Definição MTur de *famtour*: do inglês *Familiarization Tours,* é uma "forma de promoção que tem como objetivo familiarizar e encantar o distribuidor do produto turístico. É um projeto turístico que consiste em convidar agentes de viagem para uma visita turística, a fim de que conheçam o local, os equipamentos, e saibam o que estão oferecendo ao cliente.

Isso é algo extremamente desmotivador, improdutivo e incoerente. Manter uma equipe medíocre jamais foi garantia de não se perder mão de obra para a concorrência, tampouco gera diferenciais competitivos para qualquer empresa. Muito ao contrário.

Por que será que os cruzeiros marítimos têm ainda como principal canal de distribuição o agente de viagem? Simples. Porque neste tipo de produto necessita-se de muitas outras informações além de preço e disponibilidade. Desta maneira, o contato com uma empresa ou com uma pessoa faz muito mais sentido para o cliente. É neste momento que entra em cena a capacidade e competência do agente de viagem.

Então quer dizer que um vendedor somente estará capacitado quando conhecer o destino ou o produto que está vendendo? Em termos gerais, esta é uma excelente maneira de dar segurança e argumentos ao vendedor frente ao cliente. Porém, é pouco provável que se conheça todos os destinos que se comercializa.

Por isso, tão ou mais importante quanto conhecer um local ou destino é saber buscar informação sobre aqueles que não se conhece e saber estabelecer uma relação do que não se conhece com aquilo que já se visitou e então, ter subsídios para conseguir responder satisfatoriamente às expectativas de seu cliente.

Para quem atende ao cliente com finalidade de venda, é extremamente importante conhecer as características e detalhes do seu produto, usando isso como um diferencial competitivo para a concretização do negócio.

Sabemos que existe muita literatura e cursos sobre "técnicas de vendas", "encantamento do cliente" etc.[4] Contudo, independentemente do conteúdo deste material, que também é extremamente valioso, a experiência profissional nos permite elencar alguns procedimentos importantes na postura e no processo de atendimento de um vendedor uma agência de turismo.

Abaixo, apresentamos alguns passos do atendimento que por diversas vezes, quando não foram seguidos, resultou em venda fracassada:

- *Personalizar o atendimento.* Tratar o cliente sempre pelo seu nome.
- *Descobrir o real objetivo de sua viagem* (férias, lua de mel, comemoração etc.) e com quem vai viajar (família, cônjuge, amigos etc.). Isso é imprescindível para saber oferecer o destino e o equipamento adequado.
- *Ouvir o cliente com atenção.* Muitas vezes, o que o vendedor precisa para dar resposta ao cliente, está implícito nos seus próprios questionamentos. Ter paciência e lembrar que antes de "enfiar a cara" na tela do computador abrindo sistemas ou tabelas, deverá ouvir atenciosamente, afinal de contas, preço e vaga ele encontra em muitos outros lugares.

---

4 A Trend Operadora lançou no final de 2011 uma coleção com 12 fascículos com técnicas de vendas. Este curso também é oferecido *on-line* pelo site da Operadora. Mais informações disponíveis em: <http://www.trendoperadora.com.br>. Acesso em: 14 fev. 2012.

- *Sugerir adequadamente.* Com as informações obtidas, o vendedor deve sugerir um destino, pacote, serviço e/ou equipamento, mas, antes de dar o preço, deverá discorrer ao máximo sobre as características de cada um, mostrando os pontos positivos e negativos, com domínio e segurança do que está falando. Isso dará argumentos para a decisão do cliente.

- *Ser claro, objetivo e organizado.* As informações e os orçamentos devem ser apresentados de maneira clara e objetiva, contendo o maior número de informações possíveis (preço, validade do orçamento, e localização do hotel, número de noites, sistema de refeições, serviços incluídos, horários de voo, formas de pagamento, previsões para alterações, restrições para alteração, multas para cancelamento etc.).

- *Ser rápido.* Caso não seja possível fornecer um orçamento ou todas as informações ao cliente no primeiro contato, este deve ser feito no menor tempo possível. Informar ao cliente o dia e o horário que pretende responder e jamais extrapolar este prazo.

- *Monitorar e acompanhar a decisão do cliente.* Enquanto a venda não for concretizada, o vendedor deve manter o contato com o cliente, até saber sua decisão final, seja ela por seu produto, seja pelo da concorrência.

Complementando ainda sobre o posicionamento do agente de viagens no atendimento ao consumidor, é impossível não tratarmos o assunto da comunicação.

O universo dos procedimentos que envolvem o setor de agenciamento de viagem abriga uma série de terminologias e linguagem técnica, boa parte derivada principalmente do setor da aviação comercial.

Sendo assim, muitos termos em inglês, nomes e códigos são cotidianamente utilizados por esses profissionais no seu ambiente de trabalho. *Voucher,*[5] *check-in,*[6] *late-check-out,*[7] dentre uma infinidade de outros termos que são necessários e muito comuns dentro da linguagem corporativa do turismo.

No entanto, é extremamente importante compreender que muito embora haja muitos clientes que compreendam esses termos e com eles se torne apropriado o seu uso, esta ainda não é a realidade para a maioria.

---

5 Termo de origem inglesa que no setor de turismo em geral e agências de viagens, é usado para os recibos e comprovantes que possuem o nome do cliente e o serviço a que ele tem direito, como reservas de hotéis, pacotes turísticos, passagens aéreas, restaurantes, aluguel de carros etc.

6 *Check-in* ou verificação, é o primeiro passo a ser efetuado pelo passageiro de transporte aéreo. Consiste no procedimento de apresentação deste ao balcão da companhia aérea (ou agências que fazem o *check-in*), munido de seus documentos e bagagem. É emitido, então, o bilhete de passagem, a bagagem é despachada e a bagagem de mão (bolsas, malas pequenas etc., que o passageiro transporta consigo dentro do avião) é identificada. Esta mesma nomenclatura é usada pelas agências de viagens e pela rede hoteleira para identificar a entrada do hóspede em um hotel. Contendo a verificação de reserva, o preenchimento do boletim de ocupação hoteleira e a apresentação das acomodações.

7 *Check-out* é basicamente o inverso do que se entende por *check-in*. É o procedimento de saída do passageiro de um meio de hospedagem. Já o *late-check-out* é o termo designado para as saídas após o horário determinado para o encerramento da diária que, geralmente, é meio-dia. Pode ou não haver custo para o *late-check-out*.

Com a chegada de um novo tipo de consumidor para o mercado de turismo, principalmente aquele que surge com o aumento do poder aquisitivo, que vai fazer sua primeira viagem aérea etc., usar estes termos é totalmente incoerente, além de muitas vezes refletir arrogância do vendedor e não atingir os objetivos da informação que se pretende transmitir ao cliente.

Certa vez, ao fim do expediente de uma agência de viagens, um vendedor comentava em risos que o seu cliente chegou e lhe perguntou: "Vim saber se o seu *Voucher* já chegou". O vendedor então respondeu: "O *meu* não, o *seu voucher* chegou, meu senhor". Foi então que perceberam que o cliente aguardava a chegada de uma "pessoa" que supostamente se chamava *Voucher*.

Neste caso, perguntamos: quem é o mais ignorante desta história? O cliente que não sabia o que era um *voucher* ou o vendedor, que não entendeu que a piada, na verdade, fala mais da própria incompetência?

Desta maneira, podemos compreender que dentro das atitudes dos gestores com relação à implementação e ao controle de sua cultura organizacional incide ainda, nas agências de turismo, a necessidade de se preocupar com a qualidade na prestação de seus serviços, visando à construção de um imaginário positivo do cliente sobre a empresa.

Sobre isso, Trigo (2009, p. 172) afirma que: "Um bom imaginário surge de uma cultura de serviços bem desenvolvida e estabelecida. Virtude, caráter, ética, educação, etiqueta, polidez, atenção, respeito, diplomacia, limpeza, senso de humor e personificação da experiência do cliente [...]".

Relacionando o que diz Trigo com o exemplo do vendedor piadista, como esses adjetivos foram postos a favor da construção de uma imagem positiva da agência e da qualidade de seu serviço?

O departamento de vendas é a força motriz de uma agência de viagem. Por isso, a equipe deve ser contemplada no processo de capacitação de uma maneira bastante heterogênea. Seja por meio de *famtours*, de cursos e treinamentos oferecidos por fornecedores e entidades de classe, seja pelo constante acompanhamento e interação com os outros departamentos da agência. Sobretudo, a equipe deverá ser capaz de contribuir e colaborar nas estratégias e nos processos de gestão da empresa sendo capaz de enxergar o negócio como um todo, entendendo o seu papel dentro da organização.

Numa analogia com o velho ditado "melhor ensinar a pescar do que dar o peixe", o pescador treinado seria aquele que sabe colocar o anzol, recolher a linha, tirar o peixe da água. Já o pescador capacitado sabe, além disso, escolher o tipo de anzol, descobrir em que ponto do rio estão os cardumes, escolher a linha, o tipo de isca etc.

Em dias atuais, não é mais suficiente manter uma equipe de pescadores que sejam apenas bem treinados. Linhas, molinetes, varas e todas as ferramentas de pescaria estão cada vez mais avançadas tecnologicamente, além disso, grandes empresas pesqueiras agora podem concorrer porque têm barcos maiores, capazes de trazer uma quantidade maior de peixes do que os pequenos pescadores.

Por isso, a equipe de pescadores deve ser capaz de reconhecer o peixe, lidar com as ferramentas e compreender além de como apenas "tirar o peixe da água". Deve saber qual peixe é mais saboroso, por isso talvez seja necessário aprender um pouco de gastronomia; deve saber em quanto tempo o peixe levará para ser consumido, precisando saber um pouco mais sobre logística; deve saber a importância do seu papel de "pescador" como um todo e não somente entendê-lo como um simples "tirador de peixes da água".

Para os agentes de viagem brasileiros, dizemos que "o mar está pra peixe sim". A demanda de consumidores de turismo aumentou, sendo assim, tem muito mais "peixe" para ser capturado. Contudo, o mar está revolto e um grande número de "novos pescadores" começou a jogar suas redes também. Um grande "onda" de mudanças tem agitado as águas tranquilas onde, durante muito tempo, pescaram os agentes de viagem.

Não é preciso temer. Por meio desta analogia podemos dizer que os agentes de viagem brasileiros sempre souberam "nadar", aliás a maioria aprendeu a "nadar sozinha", sem muito treinamento ou técnicas de condicionamento físico e mesmo assim não "saíram da água".

Acontece que com a chegada de "nadadores" que treinam segundo as técnicas de Michael Phelps[8] (profissionais capacitados e antenados com as mudanças do mundo contemporâneo) e de grandes barcos pesqueiros superequipados (grandes e novos canais de distribuição e tecnologia), as agências terão de começar a se exercitar mais para nadar, como também precisarão pensar um pouco mais antes de lançar suas redes para trazerem peixes valiosos e de qualidade para seu barco, não importando as águas revoltas em que navegam.

Por isso, a capacitação profissional deve ser contemplada e a maneira de capacitar deve ser repensada.

NADANDO COM TUBARÕES

O mercado de turismo no Brasil está mudando. O cenário da distribuição de produtos turísticos no Brasil deverá sofrer uma espécie de readequação com algumas notícias que foram anunciadas no decorrer de 2011.

Até o momento da elaboração deste texto, a CVC Operadora é a maior empresa de turismo do Brasil. Esta empresa, além de efetuar vendas por meio de seu site na internet

8 É considerado um dos maiores atletas de todos os tempos. Quebrou 37 recordes mundiais e conquistou o maior número de medalhas de ouro (oito) olímpicas em uma única edição. O nadador tem o corpo particularmente propício para a natação: braços excepcionalmente compridos, com envergadura de 2,01 metros, desproporcionais para sua altura de 1,93 metro. Seus pés têm 29,8 centímetros e usa calçados número 48. Além disso, sua flexibilidade de braços e pernas é comparável à de um bailarino clássico. O atleta ingere alimentos que lhe dão um aporte energético de cerca de 12 mil kcal por dia, equivalente a cinco vezes a de um homem adulto médio. Seu apelido é peixe-voador.

e ser representada pelas agências de turismo multimarcas, possui também uma rede de quase 800 lojas exclusivas distribuídas em todo o país.[9]

Desde o início de suas atividades, em 1972, a empresa oferece produtos que são acessíveis às classes populares. A trajetória da CVC foi inicialmente construída com base na organização de pacotes de turismo rodoviário atendendo à demanda emergente na região industrial do ABC paulista. A empresa copiou o modelo observado em Detroit (EUA), no qual agências especializadas organizavam roteiros turísticos para empregados da indústria automobilística norte-americana. A CVC organizava roteiros rodoviários de curta duração. Na década de 1980, contando com a cooperação de órgãos oficiais de turismo de diversos estados brasileiros, com destaque para estados do Norte e do Nordeste, e com parcerias com a rede hoteleira local e a empresa aérea Vasp, promoveu uma redução significativa dos custos das viagens, viabilizando a venda de pacotes em grande escala. Em 2001, em virtude da desvalorização do real somada aos ataques terroristas, faliu a sua principal concorrente, a Soletur. Dessa forma, a CVC passou a ocupar um espaço significativo no mercado nacional, consolidando sua trajetória e estabelecendo uma posição de liderança no segmento de operadora no Brasil (MTur, 2006).

A operadora tem apostado desde a década de 1990 em se posicionar em pontos estratégicos como *shopping centers*, hipermercados e até pequenos centros comerciais (conhecidos como *malls*) localizados em postos de gasolina. "[...] é preciso observar as possibilidades de estar mais próximo aos clientes, oferecendo novos produtos. Para isso, queremos posicionar o turismo como produto no varejo e vendê-lo diretamente" (Vertemati, 2001).

É fato que o atual posicionamento da CVC como líder de mercado advém de uma série de outros fatores e estratégias, mas este não é o foco desta discussão.

Em 2010, a CVC vendeu 63,6% da empresa ao grupo de fundos *private-equity*[10] norte-americano Carlyle. Em 2011, registrou na Comissão de Valores Mobiliários (CVM) sua abertura de capital (Initial Public Offering – IPO).

No mesmo ano, foi anunciada a formação da Brasil Travel. Trata-se de uma *holding* de turismo que também será de capital aberto. Seu lançamento oficial no mercado vai concentrar um grande número de empresas e está previsto para o início de 2012.

A Brasil Travel é uma coligação formada até o momento por 35 grupos econômicos, 51 empresas, 105 acionistas individuais dos mais diversos segmentos de produtos e serviços turísticos (*Panrotas*, 2011).

---

9 A CVC é a maior companhia de viagens da América Latina em valor de reservas contratadas, número de passageiros embarcados e pacotes de turismo vendidos em 2010, de acordo com a PhocusWright, oferecendo um amplo portfólio de mais de setecentos destinos domésticos e internacionais por meio da maior rede de varejo exclusiva de turismo no Brasil.

10 Tipo de atividade financeira realizada por instituições que investem essencialmente em empresas que ainda não são listadas em bolsas de valores, com o objetivo de alavancar seu desenvolvimento.

Em entrevista, Paulo Castello Branco (2010), CEO da *holding,* revelou que a Brasil Travel visa a estar entre as maiores companhias de turismo da América Latina, por meio da integração de várias empresas de turismo.

> [...] eu não tenho dúvida que será um grande *player,* uma empresa muito forte no mercado, não só no mercado brasileiro, como no mercado da América Latina como um todo, portanto é um projeto extremamente interessante que vai mexer com o turismo nacional.

Não foram divulgadas até o momento informações de modo oficial sobre os efetivos procedimentos de atuação da Brasil Travel junto aos agentes de viagem no Brasil, tampouco sobre as estratégias que esta *holding* terá para a distribuição dos seus produtos. O que podemos afirmar é que a Brasil Travel tem como missão concorrer fortemente com a CVC.

> [...] a Brasil Travel nasceu com o objetivo declarado de ser uma pedra no sapato da CVC. [...] querem se aproveitar daquilo que veem como a maior fraqueza do modelo de negócios da líder: sua relação com a rede de lojas. Sem elas a CVC não vende [...] as cantadas da Brasil Travel aos franqueados da CVC tem sido descaradas: em troca da mudança de lado, a Brasil Travel oferece uma participação no capital da empresa [...] (Bronzato e Grando, 2012, p. 45).

No entanto, conversando com executivos do setor, compreendemos que a concorrência que a Brasil Travel pretende travar com a CVC será mais sentida no âmbito do mercado financeiro do que propriamente no de consumo.

Para os agentes de viagem, a Brasil Travel representará, sem dúvida, uma opção. Por meio da sinergia das empresas que a compõem será possível ter maior força na negociação com fornecedores, consequentemente ter preço competitivo, além, claro, de um ramificado e significativo leque de ofertas e produtos.

No entanto, pelo menos por enquanto, os agentes de viagem continuarão a comprar diretamente das empresas que compõem a Brasil Travel. Não surgirá uma "nova e grande operadora ou marca" no *trade,* como alguns agentes de viagem com quem conversamos, revelaram acreditar.

Imaginamos que a Brasil Travel terá o agente de viagem como seu principal canal de distribuição. Por isso, podemos aferir que as "investidas" na rede de lojas da CVC seria uma oportunidade de trazer para si quase 800 pontos de venda em uma só tacada, que seria, caso viesse mesmo a acontecer, considerado como um canal próprio de vendas da mesma. Neste caso, para os agentes de viagem que entendem essas lojas como concorrência seria o mesmo que trocar seis por meia dúzia.

Ao mesmo tempo, dois outros grandes grupos de empresas do setor também anunciaram investimento e readequação visando principalmente à expansão dos seus negócios.

Pelas afirmações feitas ao mercado até o momento, essas empresas irão trabalhar na mão contrária da CVC, que tem em sua rede de lojas seu principal canal de distribuição (em 2011 suas lojas responderam por 64% de suas vendas). Tudo indica que elas investirão nas agências de turismo tradicionais como seu principal canal com o consumidor final.

É o caso da parceria recentemente estabelecida entre as empresas Trend Operadora e as consolidadoras Rextur e Advance, como também a investida do Grupo Flytour (tradicionalmente voltado ao mercado corporativo) no mercado de lazer.

A Flytour, hoje, é uma das principais empresas de consolidação de passagens aéreas e teve até então seu foco voltado fundamentalmente ao mercado corporativo. Em 2011, o Grupo Flytour anunciou a chegada da Flytour Viagens, que será uma operadora voltada para o turismo de lazer.

Esta empresa também tem uma rede de franquias que gira em torno de 120 unidades. Ao contrário da CVC, os seus representantes não necessariamente devem exclusividade à Flytour, podendo comercializar produtos de qualquer outro concorrente. Ao ser questionado sobre esta estratégia, um dos executivos afirma: "É nossa obrigação criar mecanismos que fidelizem o agente investindo em nosso portfólio de produtos e na capacitação para prestarmos serviços de qualidade".

A Flytour declara que terá nas agências de turismo seu principal canal de distribuição. O início de suas operações está previsto para o primeiro semestre de 2012. Michel Barkoczy (2011), presidente da operadora, afirmou que hoje todo mundo pensa em sites para o consumidor final e se esquecem do potencial das milhares de agências de viagens que estão espalhadas pelo Brasil. Segundo o executivo, "jamais entraria numa empresa que pensa no cliente direto, num site para o cliente direto, porque eu até acho que um dia isso vai desaparecer".

Para Barkoczy, as compras pela internet continuarão a crescer, mas principalmente para produtos como passagem aérea e hotel. Segundo o executivo, para vendas de pacotes turísticos, circuitos e viagens, o agente de viagem ainda é extremamente importante. Para ele, "[...] as informações e a experiência do profissional frente a frente com o cliente não substituem a internet", por isso a Flytour apostará nas agências de turismo uma vez que seus principais produtos serão pacotes turísticos (Barkoczy, 2012).

Outro importante grupo que, segundo informações, apostará fortemente nos agentes de viagem como seu principal canal de distribuição é o que foi formado pela Rextur,[11] Advance Turismo[12] e Trend Operadora.[13]

Segundo a assessoria de imprensa destas empresas, a parceria tem a intenção de proporcionar aos agentes de viagens ganho de produtividade na pesquisa de tarifas, de modelos de aeronaves, configuração de assentos, duração das viagens, mapas de rotas disponíveis e também ganho de rentabilidade na venda conjunta do aéreo com a hospedagem. A intenção foi a de ampliar o leque de produtos trabalhando e investindo somente no agente de viagens como canal de distribuição.

Foi criado até mesmo um site para melhor expor os objetivos desta parceria (<http://www.agentevalorizaoagente.com.br>). Sobre isso, Luis Paulo Luppa (2011), presidente da Trend Operadora, reflete:

> [...] não vendemos ao consumidor final. Este cliente é do agente de viagens. Atacar este mercado seria contribuir para a falência das agências de viagens. Nós não temos lojas e nem teremos. Nós não vamos lançar sites para atender o passageiro diretamente. Este é o sustento e a fonte de renda do agente de viagens [...]. O mercado esta aí, na mão do agente. Nenhum site, nenhum mundo *on-line* conseguirá nos próximos dez, 15 anos humanizar o atendimento, por isso, insisto: o agente de viagens é indispensável e nós temos mais de 23 milhões de motivos para acreditar e apostar nisso.

É muito provável que, dentro de alguns meses, este texto necessite de complementação, frente ao dinamismo com que as coisas acontecem no mercado.

No entanto, estas considerações contribuem para que visualizemos um amadurecimento do setor. Seja por conta dos avanços tecnológicos que acirraram a concorrência, seja pela diminuição das comissões pagas aos agentes de viagem, forçando-os a buscar alternativas e readequação de seu modelo de negócio, seja pela inédita abertura de capital de algumas empresas do setor.

Para José Zuquim (2011), empresário do setor e presidente do Instituto Marca Brasil e ex-presidente da Associação Brasileira das Operadoras de Turismo (Braztoa):

> Fala-se em fusões, abertura de capitais, coisas que outras indústrias, mais maduras, já passaram como a alimentícia, a têxtil, os corretores de seguros, as construtoras e incorporadoras, ou seja, o turismo está indo e se rendendo à verdade da maturidade. Estamos de fato, mesmo que em um cenário ainda pouco definido, indo para a briga das grandes corporações. Formando estrutura para suportar mercados que surgem com força.

---

11 Fundada em 1974, a Rextur é uma empresa reconhecida nacionalmente como líder de soluções na distribuição de passagens aéreas, há mais de 38 anos de crescimento contínuo, atendendo exclusivamente agentes de viagens de todo o país. Disponível em: <http://www.rextur.com.br>. Acesso em: 14 fev. 2012.

12 Criada em 1987, a Advance Turismo é uma das maiores e mais modernas consolidadoras de passagens aéreas que operam no Brasil. Com sede em São Paulo, suas atividades cobrem todo o País, com o apoio de 23 pontos de distribuição integrados e de cerca de duas mil agências de viagens cadastradas. Disponível em: <http://www.advance.tur.br>. Acesso em: 14 jan. 2012.

13 Presente no mercado há mais de 24 anos é a maior operadora nacional para o mercado corporativo. É a primeira e única General Sales Agent (GSA) em Hotelaria Nacional, com informações e tarifas de mais de mil hotéis dos mais de dois mil cadastrados em sistema. Disponível em: <http://www.trendoperadora.com.br>. Acesso em: 14 jan. 2012.

Percebemos que se espera para os próximos cinco anos um significativo crescimento do setor advindo principalmente da estabilização e crescimento da economia, trazendo, com isso, uma fatia de novos consumidores de diversas classes sociais.

Esta expectativa, somada aos investimentos, tanto da esfera pública quanto da privada, que serão feitos tendo em vista os grandes eventos que o Brasil vai sediar até 2016, movimentou o mercado de turismo.

O setor de agenciamento vive hoje um momento de adaptação. Afirmar que as agências de turismo estão fadadas ao fracasso frente às tendências já apresentadas ao longo desta obra nos parece um tanto quanto equivocado.

Descobrimos que algumas novas e grandes empresas estão surgindo focadas principalmente neste segmento como seu principal canal de distribuição, ao mesmo tempo, verificamos que existem alternativas para as agências que se propuserem a investir em conhecimento, capacitação e qualidade.

No entanto, é imperativo dizer que no mundo atual as agências não podem mais depender única e exclusivamente das grandes organizações e do repasse das comissões que essas lhes pagam.

Acreditamos que o real fortalecimento do setor se dará quando as agências de turismo conseguirem trabalhar de modo mais independente com diferenciais competitivos e se especializando em segmentos e em serviços que dominam e sabem fazer.

De um modo geral, enxergamos que as previsões são otimistas para o setor como um todo, independente do que possa resultar este embate de "tubarões" (grandes empresas).

É certo que na "indústria" do turismo, que tem uma cadeia tão interdependente e empresas que se complementam, incida uma maior "agitação nas águas" quando algum grande *player* se movimenta.

Contudo, entendemos que a agitação sempre "remexe" o leito e dele emergem oportunidades como as algas e nutrientes que servem de alimento para os peixes menores. Bom para os peixes mais rápidos que conseguem se alimentar de vários tipos de algas e nutrientes. Bom para o agente de viagem que não depende somente das comissões de terceiros, que se prepara, que se diferencia, que cria.

Esses profissionais serão "os peixes" que conseguirão se alimentar, não importa o tipo de alga que venha a emergir do fundo das águas do mercado.

EXERCÍCIOS DE REFLEXÃO

- Por meio de pesquisas na internet, descubra o que o Ministério do Turismo, as entidades de classe, a iniciativa privada e outras instâncias oferecem para a capacitação dos agentes de viagem no Brasil. Mediante o que foi discutido neste capítulo, avalie a influência que isso pode ter para a valorização do profissional que atua nas agências de turismo.

- Servindo-se de toda a discussão estabelecida ao longo desta obra, identifique e discuta alguns dos motivos que podem ter levado certas operadoras a apostar e a investir na estratégia de ter agentes de viagem como seu principal canal de distribuição.

CAPÍTULO 7

Uns não gostam de chuva, outros não se importam em se molhar. Tendências para o setor de agenciamento de viagens no Brasil

OBJETIVOS DO CAPÍTULO

- Discutir a relação do Ministério do Turismo com o setor de agenciamento e expectativas para o mercado brasileiro.
- Abordar exemplos, maneiras e possibilidades de atuação no setor de agenciamento de viagens no Brasil.

TEMPO DE PLANTAR, TEMPO DE CULTIVAR, TEMPO DE COLHER

Sabemos que o turismo de uma maneira geral está em franco crescimento, principalmente no Brasil. Segundo dados da Organização Mundial do Turismo (OMT), em 1960 registravam-se 100 milhões de pessoas viajando e 806 milhões em 2005, um crescimento na faixa de 700 milhões de turistas no mundo. As previsões indicam que o número de turistas internacionais será de 1,6 bilhão em 2020, o que significa uma taxa de crescimento de 4% ao ano (OMT, 2008).

Atualmente, vemos que a economia mundial atravessa um período de transformação, principalmente pela crise financeira de muitos países. Neste cenário, pela combinação positiva entre inflação controlada, redução da taxa de juros e balança de pagamentos equilibrada, o Brasil tem registrado um crescimento superior do observado no âmbito mundial.

De acordo com o MTur (2009):

> Dos países afetados pela crise financeira internacional, o Brasil foi um dos últimos a entrar em recessão e um dos primeiros a superá-la. [...] Destaca-se ainda que o aumento dos investimentos, com ênfase em infraestrutura, programados para os próximos anos, em decorrência dos compromissos assumidos para a realização da Copa do Mundo de Futebol Fifa™ 2014 e do Programa de Aceleração do Crescimento [...] impactarão de forma positiva o turismo nacional e a competitividade brasileira no mercado internacional. O ambiente econômico e o turismo também são impactados de forma significativa pelas melhorias sociais que vêm sendo registradas nos últimos anos. Cerca de 31 milhões de brasileiros ascenderam de classe social entre os anos de 2003 e 2008. [...] A classe C, dominante pelo percentual populacional, recebeu 25,9 milhões de brasileiros entre 2003 e 2008, passando a constituir 49,22% da população. [...] As classes média e alta ganharam maior representatividade populacional. Esses indicadores traduzem melhorias importantes na composição social do País, abrindo perspectivas promissoras para o desenvolvimento sustentável e equilibrado com benefícios para todos.

Dados como estes desenham cenário positivo tanto para os que têm a intenção de iniciar no mercado de turismo no Brasil, quanto para os que já estão nele.

O turismo é um setor que permite a entrada de empreendedores em diversos segmentos, como: transporte, hospedagem, alimentação, e também uma infinidade de outros serviços que podem demandar uma pessoa que sai de sua casa para visitar um lugar diferente.

Percebemos que houve no decorrer da última década uma maior atenção pela atividade no Brasil. A criação do Ministério do Turismo, em 2003, foi um grande marco para a mudança da percepção coletiva sobre a importância do turismo para a economia e para a sociedade.

Muito embora ainda haja críticas sobre a representação deste Ministério dentro das prioridades governamentais, principalmente diante dos infelizes escândalos de corrupção em que a pasta esteve envolvida, é inegável reconhecer a sua importância e sua contribuição, tanto para o mercado quanto para as áreas acadêmica e de pesquisa.

O MTur contribuiu com a implementação do modelo de gestão descentralizada e compartilhada; a estruturação da oferta turística a partir do modelo proposto pelo Programa de Regionalização; a realização do Salão do Turismo; a revisão da legislação turística com a promulgação da Lei do Turismo; a qualificação profissional e o desenvolvimento do novo sistema de cadastramento de prestadores de serviços turísticos o Cadastur.[1]

1 Para saber mais sobre as ações do MTur, visite: <http://www.turismo.gov.br>. Acesso em: 14 fev. 2012.

Entendemos que o saudável e contínuo desenvolvimento do turismo como um todo, não depende somente das ações advindas da esfera pública. Esta é parte integrante de todo um conjunto de ações que devem advir também do setor privado dentre outras instâncias da sociedade.

Abstendo-se das opiniões e polêmicas levantadas por alguns profissionais do setor sobre os efetivos resultados gerados após a instituição do MTur, podemos afirmar, de maneira geral, que este agora tem sido um ambiente em que o mercado e o setor de agenciamento têm buscado apoio e sustentação.

As entidades de classe tiveram a oportunidade de buscar parcerias que antes eram quase inexistentes e pouco profícuas.

Em 2009, a Aviesp, através de uma parceria com o Mtur, lançou o projeto Viaje com Agente – um caminhão-baú cenográfico que, equipado com um minicinema e telas interativas, percorreu várias cidades divulgando o litoral brasileiro. Além disso, a campanha incluiu um material promocional e treinamentos de qualificação dos agentes de viagem, além de uma cartilha ressaltando as vantagens de se viajar com uma agência de turismo que foi distribuída em larga escala para a população.

Avaliando o papel do MTur para o setor de agenciamento, William Périco (2011), presidente da Aviesp e da Abav-SP, comenta:

> A criação do Ministério do Turismo foi fundamental para que nossa atividade pudesse ter visibilidade. [...] Entretanto, temos muito o que avançar; [...] se fizermos uma análise desde a fundação do Ministério em 2003, muito se fez pela nossa categoria e dentro desta estrutura existem profissionais de alto gabarito que prestam serviços de extrema importância para nossa atividade [...].

Em 2011 houve também uma importante aproximação de algumas das representativas entidades de classe do mercado de turismo. Abav, Aviesp, Sindetur e Associação Brasileira de Agências de Viagens Corporativas (Abracorp) começaram a funcionar no mesmo espaço.

A intenção é melhor promover as ações estratégicas, visando ao fortalecimento da indústria de viagens como um todo. Segundo Eduardo Nascimento, presidente do Sindetur:

> Juntos podemos melhor elaborar sugestões e cobrar atitude de todos os escalões do governo direta ou indiretamente envolvidos na política setorial do turismo: MTur, Agência Nacional de Aviação Civil (Anac), Embratur, Câmara, Senado e todas as instâncias do Poder Legislativo (*Turismo em Números*, 2011, p. 2).

Este cenário de crescimento e maior integração do setor, somados à visibilidade da atividade após a criação do MTur, podem resultar em significativas adequações no setor de agenciamento de viagens como um todo.

IRRIGANDO CAMPOS FÉRTEIS

> **Há um punhado de homens que conseguem enriquecer simplesmente porque prestam atenção aos pormenores que a maioria despreza.**
>
> **Henry Ford**

Sabemos e já ressaltamos no decorrer desta obra a importância da qualidade na prestação de serviços em turismo que muito depende das competências e das habilidades do capital humano.

Os diferenciais competitivos advirão do posicionamento através do investimento em capacitação e na compreensão das mudanças advindas com a chamada era da informação,[2] além, é claro, da oferta de experiências positivas, inovadoras e adequadas às expectativas do consumidor.

Sabemos que uma experiência "inusitada" ou "inédita" tem sido um dos objetos de maior busca daqueles que praticam o turismo, principalmente do consumidor da sociedade pós-industrial onde as culturas e os diferenciais dos serviços turísticos parecem estar agora, de certa forma, mais padronizados. Da mesma forma sentimos que o mundo "mais parece ter ficado menor e mais próximo" em razão dos avanços da tecnologia, da comunicação e dos meios de transporte.

Este ambiente favorece a criatividade e o surgimento de novidades. Desta maneira, poderiam os agentes de viagem seguir também neste caminho por meio da observação do que existe e do que ainda está por vir.

É preciso ousadia controlada. Isso significa apostar e acreditar em novos modelos e/ou produtos e ao mesmo tempo saber adequá-los à realidade da empresa, não pondo em risco, assim, a sua sustentabilidade.

Hospedagem colaborativa

No Brasil, por exemplo, existe um site de hospedagem alternativa que se baseia no novo conceito de consumo colaborativo. Apontado recentemente pela revista *Times* como uma das "10 ideias que mudarão o mundo", o consumo colaborativo tem como base o compartilhamento, empréstimo, troca ou aluguel entre pessoas, alavancado e disseminado pela internet e pelas redes sociais. É o caso do <http://www.ficalaemcasa.com.br>.

A proposta do site é simples: promove a chance de o internauta compartilhar, emprestar, trocar ou alugar algum espaço vago que possua, em qualquer lugar do Brasil ou do mundo. Vale de tudo: casa desocupada, quarto vago, colchão no chão, sofá na sala ou até mesmo quintal para os hóspedes acamparem. O importante é dividir o espaço

2 Ou era digital. Entende-se pelo período que vem após a chamada era industrial.

ocioso com quem está interessado em conhecer sua cidade e na sua vez de viajar contar com a mesma ajuda. O site recebe o pagamento antecipado e paga ao fornecedor do espaço em 24 horas após a sua utilização, garantindo a hospedagem.[3]

Residências secundárias como receita primária

Outro exemplo de aproveitamento das oportunidades advindas com o turismo é o caso de uma agência de turismo do litoral norte de São Paulo. Esta agência descobriu que havia muitas residências secundárias (casas de temporada) na sua cidade praticamente abandonadas ou muito malcuidadas. Resolveu então fazer disso um negócio. Com uma atitude simples e pouco investimento, começou a fazer o papel de intermediação dessas casas junto ao consumidor final.

A diferença? Ela diminuiu o risco de insatisfação ao turista, muito comum nesses processos, pois geralmente não se conhece as casas antes de alugá-las, como também viabilizou a manutenção dos imóveis aos proprietários que não mais precisariam se preocupar se o inquilino iria quebrar ou subtrair algum objeto da sua casa.

Ao chegar, o turista era recebido por uma pessoa da agência que apresentava o imóvel com uma relação detalhada de tudo que continha ali. Através de contrato, a mesma empresa fazia a vistoria do imóvel antes da saída do inquilino. A contrapartida estava em oferecer manutenção de limpeza e pequenos reparos de maneira contínua aos proprietários deste imóvel e aos turistas, além da correta informação sobre as condições da casa. No momento da chegada do turista, a agência oferecia também uma série de outros serviços como passeios, entrega de pão fresco pela manhã, faxina diária, cozinheiros, entrega de gelo, dentre outras necessidades das pessoas que alugam casas de temporada.

Um serviço semelhante também já é prestado por uma imobiliária no destino turístico de Monte Verde (MG).

Seus problemas acabaram! Nós cuidamos dos seus bichinhos

Uma agência de turismo do interior do Estado de São Paulo descobriu que alguns de seus clientes deixavam de viajar por não ter com quem deixar seus animais de estimação.

A agência procurou um veterinário recém-formado e propôs uma parceria. Alugou uma casa com um espaço suficiente para a construção de canis, banho e tosa etc. e permitiu que o veterinário explorasse o espaço para iniciar suas atividades profissionais.

Ofereceu então um diferencial em seu portfólio de serviços, que consistia na hospedagem individual para os animais na casa de um veterinário que nos disse: "Quem tem animal de estimação quer ter a certeza de que ele será bem tratado, por isso hospedamos animais de um único dono por vez".

3 Disponível em: <http://www.ficalaemcasa.com.br >. Acesso em: 14 fev. 2012.

A princípio, esta estratégia pareceu ser improdutiva, mas, com o passar do tempo, descobriu-se que hospedar um animal por vez gerava menos despesa e poderia se cobrar mais caro do que era praticado pelas clínicas veterinárias e hoteizinhos de animais da cidade.

Nova terceira idade. De vovô a tiozão

Hoje em dia, podemos dizer que as pessoas de 60 anos de idade não têm mais as mesmas características de quem tinha esta mesma idade há 20 ou 30 anos. A geração dos *baby boomers* (composta por pessoas nascidas entre 1946 e 1964) ainda possui energia e desejo de viajar e consumir.

Desde 1980, o brasileiro viu a expectativa de vida crescer 10,7 anos e até 2050 tudo indica que a população estará vivendo, em média, 81 anos. Sem falar que os indivíduos com mais de 60 anos devem chegar a 64 milhões ainda na metade do século (Sá, 2011).

Mesmo assim, o que se vê no mercado de produtos e serviços de uma maneira geral é que paira uma falta de compreensão disso. Hoje em dia, boa parte dos sexagenários não querem mais ser vovôs, e sim "tiozões".

Recentemente, participando de uma confraternização de final de ano de uma metalúrgica, um de nossos principais clientes corporativos, presenciamos o momento em que um jovem na faixa dos seus 25 anos presenteou um dos diretores da empresa que muito animadamente disse aos presentes: "Nossa! Meias! Não sei por que esses jovens acham que eu uso tanta meia e olha que essas nem servem para tênis, hein... Será que poderia me dar um dos seus pacotes de camisinha da próxima vez?"

Sobre isso, Biscker comenta: "[...] faltam serviços e produtos para atender bem este consumidor sem tratá-lo como avô. Alguns segmentos pouco explorados são turismo, alimentos para manter a boa saúde e roupas".[4]

Será que as agências de turismo estão explorando adequadamente esta oportunidade ou ainda estão acreditando que viagens para terceira idade são somente aquelas para as estâncias hidrominerais de águas quentes?

Deixa chover...

Esses são alguns exemplos e questionamentos que deixamos para o setor e para os que pretendem atuar no mercado de turismo.

Não existe nenhuma receita pronta. No entanto, sabemos ser possível identificar alternativas e desenvolver estratégias para a sustentabilidade das agências de turismo no Brasil.

Desta maneira, compreendemos que o título deste capítulo reflete um momento em que o solo do turismo em nosso país está preparado para receber novas lavouras.

---

4 Andrea Biscker, diretora da consultoria WGSN, empresa de análise e serviço de pesquisa e negócios para vestuário, estilo, design e varejo industrial (revista *Pequenas Empresas, Grandes Negócios*, nº 276, jan. 2012).

Para o "agricultor", pode ser o momento de aproveitar para experimentar novas sementes, adequar novas técnicas de plantio e de colheita, sorvendo o melhor das chuvas que irrigam os campos e se preparando para os tempos de seca, assim como para os de enchentes. O importante é não ter medo de se molhar.

EXERCÍCIOS DE REFLEXÃO

Desenvolva um produto ou processo que possa ser comercializado ou utilizado em uma agência de turismo, que agregue valor ao negócio e possa ser uma alternativa de receita. Faça isto:

- servindo-se apenas de sua criatividade;
- levando em conta o cenário atual e as expectativas para o setor de agenciamento no Brasil, discutidos nesta obra.

Considerações finais

O setor de agenciamento de viagens está vivendo um processo de readequação devido a diversos fatores internos e externos do mercado.

A popularização da internet e os avanços da tecnologia dos meios de comunicação favoreceram o surgimento de novos canais de distribuição.

Hoje, o consumidor influencia a formação dos preços e a imagem de uma empresa e/ou organização por meio do alcance e da rapidez das diversas redes sociais.

As características do novo consumidor turístico contemporâneo revelam a necessidade de rapidez, eficiência, personalização e qualidade.

Consumidores advindos das classes populares, principalmente da C, formam agora o maior universo de consumo de turismo do Brasil. Paralelo a isso, observou-se um aumento do número de milionários no país, apontando crescimento também do mercado de luxo.

Diante da possibilidade de atingir diretamente o consumidor final, os principais fornecedores das agências de turismo, leia-se, companhias aéreas, meios de hospedagem e operadoras turísticas, iniciaram um processo de desintermediação. A principal ameaça é a redução total da comissão paga pelas companhias aéreas, que poderia culminar na falência de boa parte das empresas que não estiverem preparadas para esta realidade.

A qualidade no atendimento e o desenvolvimento de competências individuais nas agências de turismo devem ser objeto de extrema atenção por parte dos gestores, uma vez que poderão se configurar, ao que tudo indica, como um diferencial extremamente importante na sustentabilidade deste tipo de empresa diante do cenário previsto para o futuro.

As questões tratadas nesta obra nos permitem estabelecer algumas rápidas observações sobre a essência do que entendemos necessário assimilar sobre as agências de turismo no Brasil:

- Mesmo com a entrada de novos canais de distribuição, as agências de turismo ainda detêm significativa parcela deste universo.
- A comissão de companhia aérea não pode ser sua principal fonte de receita.

- O investimento em tecnologia da informação, qualidade de sua infraestrutura aliadas ao elemento humano é fundamental.
- A capacitação deve ser heterogênea, abrangente e contínua, voltada ao desenvolvimento do indivíduo e não apenas focadas em treinamentos pontuais com objetivos específicos de curto prazo.
- De uma maneira geral, o cenário é otimista e oportuno para o ingresso de novos profissionais, principalmente aos atentos às tendências da próxima década.
- Entrada de grandes empresas no mercado focadas no agente de viagem como principal canal de distribuição.
- MTur pode ser um importante ator no ordenamento e na comunicação entre os *players* do setor que podem favorecer as agências de turismo de pequeno porte.
- O setor deverá concentrar suas forças para poder atender a um novo tipo de consumidor.

Para finalizar, esperamos com esta reflexão contribuir para uma compreensão mais abrangente sobre o setor de agenciamento de viagens no Brasil.

É fundamental que novos profissionais, estudantes da área e acadêmicos não vejam mais as agências de turismo apenas como uma alternativa de mercado que exige somente técnica, a despeito do conhecimento e formação superior. Essa dicotomia tem representado um atraso.

Por outro lado, os agentes de viagem precisam compreender que os tempos de "vamos fazer para ver no que vai dar" fazem parte de um passado distante, muito embora saibamos que esta foi a maneira pela qual muitos se consolidaram e tiveram sucesso no mercado, não devendo, por isso, ser considerados amadores. Ao contrário, compreendemos que a visão empreendedora de muitos profissionais é que hoje permite ao mercado de turismo estar entre um dos mais importantes setores de geração de emprego e renda em nosso país.

No entanto, é imperativo entender que o mundo mudou, o consumidor mudou, as coisas mudam cotidianamente e de uma maneira cada vez mais veloz. Por isso, a compreensão e a adequação a esta nova realidade, aliada à motivação, à ação e à concretização de planejamento, são fundamentais.

Para concluir, utilizando mais uma analogia, como fizemos no decorrer de toda a obra... Quem não conhece a história dos Três Porquinhos? Talvez este seja o momento de abandonar as casinhas de palha ou de madeira tão amadas, seguras, confortáveis e quentinhas que serviram de abrigo durante toda a vida porque foram suficientemente robustas.

O "sopro do lobo" do mundo contemporâneo é mais forte; é preciso sair, arregaçar as mangas para reformar nossas casinhas ou construí-las usando materiais modernos que existem hoje em dia e, se repararmos bem, já tem coisa mais forte do que tijolo!

Vamos lá! Sem preguiça! Sem medo! Com criatividade e inovação! Não vai ser tão difícil nem tão caro assim! Afinal de contas, tal como os Três Porquinhos, os agentes de viagem sempre foram e continuarão sendo os melhores engenheiros e arquitetos para suas empresas e para seu negócio.

APÊNDICE 1

Lista dos principais órgãos e entidades brasileiras ligadas ao setor

Abav	Associação Brasileira de Agências de Viagens
Abbtur	Associação Brasileira de Bacharéis em Turismo
Abcmi	Associação Brasileira de Clubes da Melhor Idade
Abdtur	Associação Brasileira dos Distribuidores de Turismo
Abeoc	Associação Brasileira de Empresas de Eventos
Abeta	Associação Brasileira das Empresas de Ecoturismo e Turismo de Aventura
Abih	Associação Brasileira da Indústria de Hotéis
Abla	Associação Brasileira das Locadoras de Automóveis
AbottC	Associação Brasileira das Operadoras de Trens Turísticos Culturais
ABR	Associação Brasileira de Resorts
Abracamping	Associação Brasileira de Campismo
Abraccef	Associação Brasileira de Centros de Convenções e Feiras
Abracorp	Associação Brasileira das Agências de Viagens Corporativas
Abrajet	Associação Brasileira de Jornalistas de Turismo
Abrasel	Associação Brasileira de Bares e Restaurantes
Abrastur	Associação Brasileira de Cooperativas e Clubes de Turismo Social
Abrasturr	Associação Brasileira de Turismo Rural
Abremar	Associação Brasileira de Representantes de Empresas Marítimas

Abresi	Associação Brasileira de Gastronomia, Hospitalidade e Turismo
Ampro	Associação de Marketing Promocional
Anac	Agência Nacional de Aviação Civil
Anttur	Associação Nacional de Transportadores de Turismo,
Aviesp	Associação dos Agentes de Viagem Independentes do Estado de São Paulo
Avirp	Associação das Agências de Viagens de Ribeirão Preto-SP
Bito	Associação Brasileira de Turismo Receptivo Internacional
Braztoa	Associação Brasileira das Operadoras de Turismo
CBC&VB	Confederação Brasileira de *Convention & Visitors Bureaux*
CNC	Confederação Nacional do Comércio de Bens, Serviços e Turismo
CNTur	Confederação Nacional do Turismo
Contratuh	Confederação Nacional dos Trabalhadores em Turismo e Hospitalidade
DAC	Departamento de Aviação Civil
Embratur	Instituto Brasileiro de Turismo
Favecc	Fórum das Agências de Viagens Especializadas em Contas Comerciais
FBAJ	Federação Brasileira dos Albergues da Juventude
Fenactur	Federação Nacional de Turismo
Fenagtur	Federação Nacional dos Guias de Turismo
FNHRBS	Federação Nacional de Hotéis, Restaurantes, Bares e Similares
Fohb	Fórum de Operadores Hoteleiros do Brasil
Fornatur	Fórum Nacional dos Secretários e Dirigentes Estaduais de Turismo
Infraero	Empresa Brasileira de Infraestrutura Aeroportuária
MTur	Ministério do Turismo
Sebrae	Serviço Brasileiro de Apoio às Micro e Pequenas Empresas
Senac	Serviço Nacional de Aprendizagem Comercial
Sindepat	Sindicato Nacional de Parques e Atrações Turísticas
Sindetur	Sindicato das Empresas de Turismo
Snea	Sindicato Nacional das Empresas Aeroviárias
Ubrafe	União Brasileira dos Promotores de Feiras

APÊNDICE 2

Dicionário técnico de turismo

(Boiteux, 2006)

AD – Desconto de agente. A sigla, quando seguida de um número, indica a porcentagem de desconto concedida a um agente de viagens. Por exemplo, AD-75 indica um desconto de 75% sobre tarifas sem restrição que normalmente é concedido ao titular da agência. Seu cônjuge normalmente faz jus a um desconto de 50%: AD-50.

ADT – Código que designa um passageiro com 12 anos completos ou mais.

AIR TRAVEL CARD (Cartão de viagens aéreas) – Cartão de crédito administrado por uma companhia aérea utilizado apenas para bilhetes aéreos. Ele também é conhecido como cartão universal de viagens aéreas.

AISLE SEAT – Assento situado no corredor dentro de um avião.

ALL INCLUSIVE – Hotel que inclui na diária, além da hospedagem, as refeições, as bebidas, o entretenimento, gorjetas etc.

ALLOTMENT – Bloqueio efetuado por uma agência de assentos em aeronaves, cabines em um navio, unidades habitacionais em um hotel para venda.

AMADEUS – Um dos sistemas de reservas computadorizado, hoje chamados de sistemas GDS ou sistema global de distribuição.

AMERICAN BREAKFAST – Café da manhã tipo bufê que inclui ovos, bacon, variedades de frios, pães, doces, cereais, sucos de frutas, iogurtes e pratos quentes. Geralmente é servido nos hotéis de luxo e luxo superior.

ARC – *Airlines Reporting Corporation*. Empresa autônoma criada pelas empresas aéreas domésticas dos EUA. Credencia agências de viagens para a venda de bilhetes e supervisiona detalhes financeiros no envio de pagamentos às companhias aéreas e também o desembolso de comissões às agências de viagens. No Brasil, o BSP tem as mesmas funções.

AREA SETTLEMENT PLAN – Sistema administrado pela ARC/BSP/IATA em base regional, para controlar o processamento de bilhetes aéreos, pagamentos e o desembolso de comissões aos agentes de viagens. Também designado como *Bank Settlement Plan* (BSP), mais conhecido assim no Brasil.

A.S.A.P. – *As Soon As Possible* – Abreviatura de "o mais breve possível".

BAGGAGE CLAIM – Área de um aeroporto ou de outro terminal onde os passageiros retiram sua bagagem.

BOARDING PASS – Cartão de embarque fornecido pela companhia aérea.

BLACKOUT PERIODS – Datas específicas nas quais não há disponibilidade de certos bilhetes ou tarifas, como, os gratuitos ou promocionais. Essas datas geralmente coincidem com feriados ou períodos de alta estação.

BRAZILIAN BREAKFAST – Café da manhã servido no Brasil incluindo produtos genuinamente nacionais, como suco de acerola, aipim, doce de abóbora, bolo de fubá etc.

BSP (*Billing and Settlement Plan*) ou Plano de Liquidação Bancária – Sistema projetado para facilitar e simplificar a venda, relatórios e procedimentos de remessa de valores e vendas entre agências de turismo credenciadas pela Iata e companhias aéreas.

BUMPING – Prática de não permitir o embarque do passageiro no voo confirmado, devido a *overbooking* ou em favor de outros passageiros com maior prioridade.

BY NIGHT – É o *city tour* noturno. Normalmente inclui uma casa de espetáculo local e uma visita noturna de uma determinada localidade.

CANCELLATION FEE ou *CANCELLATION PENALTY* – Multa que um fornecedor deduz de um reembolso quando uma reserva é cancelada.

CASH – Pagamento à vista.

CDW – (*Collision Damage Waiver*) – Seguro que cobre danos sofridos por veículo alugado.

CHARTER – Voo fretado. O custo por passageiro é muito mais barato, pois todos os assentos são ocupados e o serviço de bordo é reduzido.

CHECK-IN – Procedimento de entrada em um meio de hospedagem ou de apresentação no aeroporto para embarque.

CHECK-IN EXPRESS – Atendimento de *check-in* em aeroportos para pessoas que viajam sem bagagem e não têm mala para despachar.

CITY TOUR – Passeio pelos principais atrativos turísticos de uma determinada localidade. Pode ser de meio-dia ou de dia inteiro.

CODE-SHARE – Voos operados por duas companhias aéreas ao mesmo tempo para minimizar custos operacionais. Um exemplo concreto são alguns voos da Star Alliance: Varig e United ou ainda Varig e Lufthansa.

CONSOLIDADOR – Empresa ou pessoa física que negocia contratos de bloqueio com uma companhia aérea ou outro fornecedor. É uma empresa que revende bilhetes aéreos às agências que não têm crédito diretamente com as companhias aéreas.

CONTINENTAL BREAKFAST – É o café da manhã mais simples, incluindo apenas café com leite, pão, manteiga, geleia e um suco de laranja. Eventualmente uma fruta em países onde é costume.

DAC – Departamento de Aviação Civil, que é subordinado ao Ministério da Defesa. Cuida da fiscalização dos horários dos voos, do grau de treinamento dos tripulantes. Existe um projeto de lei tramitando no Congresso Nacional para substituir o DAC pela Agência Nacional de Aviação Civil (Anac).

DAY USE – É a utilização de uma unidade habitacional de um meio de hospedagem durante o dia.

DETAXE – Em alguns países europeus, o valor correspondente aos impostos locais, cobrados no ato da compra e que são devolvidos aos turistas não residentes na Europa, em balcões específicos do aeroporto contra apresentação de passaporte e a nota original da compra.

DOUBLE DECKER – Ônibus com dois andares, utilizado em algumas cidades como transporte público, em outras para excursões locais.

DOWN GRADE – É quando um passageiro passa, por exemplo, de uma classe superior num avião para uma classe inferior. É um rebaixamento de classe, que acarreta devolução da diferença paga. Normalmente acontece devido ao *overbooking*.

DROPOFF CHARGE – Taxa cobrada por uma locadora de automóveis quando um veículo alugado é deixado em outro local que não o de sua locação.

DUTY FREE – Isento de taxa de importação. Aplicado a mercadorias adquiridas nas lojas dos aeroportos e dos navios.

EARLY CHECK-IN – É a entrada do hóspede num meio de hospedagem antes do horário preestabelecido.

ENDOSSO – Procedimento no qual o passageiro compra a passagem aérea por uma companhia aérea e solicita o embarque através de outra.

EQUIPAMENTO TURÍSTICO – Empresas e/ou estabelecimentos comerciais que fornecem os serviços necessários para a realização de uma viagem, como: meios de transporte, meios de hospedagem, setor de alimentação, dentre outros.

E-TICKET – Bilhete eletrônico.

EUROPEAN PLAN (EP) – Plano europeu: no preço da diária, está incluída apenas a unidade habitacional, ou seja o quarto. O café da manhã é pago à parte.

FIT (*Foreing Independent Tours*) – Passageiros que viajam individualmente.

FORFAIT – Roteiro criado à *la carte* ou feito a pedido do cliente.

FULL BOARD (FAP) – Pensão completa nos meios de hospedagem ou durante excursões: estão incluídos o café da manhã, o almoço e o jantar.

FULL FARE – Tarifa cheia, ou seja, tarifa sobre a qual não incide nenhum desconto. Em um hotel seria a tarifa de balcão. Em uma companhia aérea, a tarifa Y, ou seja, econômica plena.

GDS – Sistema global de distribuição (Global Distribution System). Sistema computadorizado de reservas, de propriedade de companhias aéreas de diversos países e que possui também cadastros de reservas de fornecedores.

GSA – Agente geral de vendas. Empresa que representa uma companhia aérea que não tem escritório naquela localidade.

HALF BOARD (MAP) – Meia-pensão, ou seja, café da manhã, mais almoço ou jantar.

IATA (International Air Transportation Association) – Órgão de comércio internacional, criado há 60 anos por um grupo de companhias aéreas. Hoje, a Iata representa cerca de 230 companhias aéreas que compreendem 93% do tráfego aéreo regular internacional. A organização também representa, conduz e trabalha para a indústria da aviação em geral. Trata-se de um dos mais importantes órgãos no que tange à comercialização do transporte aéreo. Para conhecer mais visite <http://www.iata.org>.

INCENTIVE TRAVEL – Segmento do turismo que oferece viagens a funcionários de uma empresa que tiverem atingido metas econômicas previamente estabelecidas.

INTERLINE CONNECTION – Conexão entre voos de companhias aéreas diferentes.

INVOICE – Documento contábil que detalha os serviços a serem prestados ou já efetuados, solicitando pagamento.

JET-LAG – Desajuste do relógio biológico de quem troca de fuso horário.

KING SIZE BED – Cama de casal do tamanho de três camas de solteiro. O padrão americano é 2m x 2m.

LATE CHECK-OUT – Saída do hóspede depois do horário previsto.

LOCALIZADOR ou "LOC"– Código alfanumérico fornecido ao passageiro após a concretização de uma reserva. Nele constam dados do passageiro como: voo, datas, poltrona, tipo de tarifa e eventualmente alguma refeição especial.

MCO (*Miscellaneous Charge Order*) – Documento expedido por uma companhia aérea para o passageiro cobrir despesas de excesso de bagagem ou ainda compra de bilhetes.

NO SHOW – É o passageiro que não se apresenta para embarcar no voo em que tem reserva ou ainda não comparece no hotel na data aprazada de sua reserva.

NONSTOP – Transporte aéreo que inclui apenas um segmento sem escalas.

NOT ENDORSABLE – Expressão restritiva que se coloca em bilhetes aéreos para demonstrar que o passageiro não pode recorrer aos serviços de outra companhia aérea com aquele tipo de bilhete: não endossável.

OVERBOOKING – Venda de bilhetes em determinado voo acima da capacidade da aeronave ou ainda reserva de quartos acima da capacidade total de um meio de hospedagem.

OVER COMMISSION – Porcentagem adicional de comissão paga sobre um produto.

PACOTE TURÍSTICO – Combinação de diversos serviços e equipamentos turísticos em um só preço, facilitando a comercialização de destinos e visando à diminuição de custos ao consumidor final. Geralmente são inflexíveis em relação a datas de ida e volta e a qualquer tipo de alteração por parte do cliente.

PAX – Termo utilizado para designar o passageiro.

PITCH – O espaço entre as poltronas de uma aeronave.

PIECE CONCEPT – Sistema PC de bagagem para a Europa, Estados Unidos, Canadá, Austrália, por exemplo, onde o passageiro tem direito a duas malas com 32Kg cada.

PNR (*Passenger Name Record*) – No mercado de viagens e turismo, um PNR é um registro no banco de dados de um sistema de reservas computadorizado que contém o itinerário de um passageiro ou um grupo de passageiros que viajam juntos.

RACK RATE – Tarifa de balcão. Aplicada para hóspedes que não têm reserva e se apresentam no hotel.

ROOM SERVICE – Serviço que o hotel coloca à disposição dos hóspedes e que é servido e contratado do próprio quarto.

STAND BY – Passageiro sujeito a espaço num determinado voo por força de seu bilhete.

TRANSFER – É o transporte entre o local de chegada do passageiro e o hotel ou ainda entre o hotel e o local onde estiver acontecendo um evento ou vice-versa. Fala-se em *TRANSFER IN* quando da chegada e *TRANSFER OUT* no momento da saída. Em português, traslado.

TSA (Transportation Security Administration) – Órgão americano criado após os ataques terroristas de 11 de setembro de 2001 para fortalecer a segurança dos sistemas de transporte dos Estados Unidos, assegurando a livre – circulação de pessoas e comércio. Dentro de um ano, a TSA assumiu a responsabilidade pela segurança nos aeroportos daquele país (fonte disponível em <http://www.tsa.gov>).

UPGRADE – Situação em que o passageiro viaja em classe superior àquela que pagou ou é acomodado num quarto superior.

VIAGENS CORPORATIVAS – Viagens de negócios, cujo principal motivo é o trabalho: participar de feiras, congressos, fechar negócios, visitar clientes e/ou fornecedores, fazer vendas, explorar novos mercados etc.

VOUCHER – Documento emitido por uma agência de turismo que comprova junto ao prestador de serviço uma determinada reserva e o seu pagamento.

Referências

AL-ASSAL, Paulo. *Rurbanism:* tendência define o comportamento do consumidor do futuro. Disponível em: <http://www.mundomarketing.com.br>. Acesso em: 28 jan. 2012.

ALDAN, Carlos. *Impacto das mídias sociais no turismo*. Palestra ministrada no IV Seminário Aviesp. The Royal Palm Plaza Hotel. Campinas, 28 nov. 2011

ALMEIDA, Antonio e MACHADO, Luiz Pinto. *Inovação e novas tecnologias*. Porto-Portugal: Princípia, 2010. Disponível em: <http://www.spi.pt/turismo /Manuais/Manual_III.pdf>.

AMARAL, Ricardo. *Uma análise do mercado de cruzeiros marítimos:* evolução, expansão e previsão no Brasil e no mundo. Tese de doutorado. São Paulo. Escola de Comunicação e Artes da Universidade de São Paulo (ECA-USP), 2009.

ANDRADE, Artur. Vigilantes do luxo. In: *Jornal Panrotas*, nº 995, 10 a 16 jan. 2012.

ANSARAH, Marilia (Org.). *Turismo:* como aprender, como ensinar. São Paulo: Senac, 2001. v. 2.

ASMANN, Ralph. Palestra ministrada no IV Seminário Aviesp. Campinas, 28 nov. 2011.

ASSOCIAÇÃO BRASILEIRA DE AGÊNCIAS DE VIAGENS (Abav). *1953-2003 – 50 anos de história, lutas e vitórias*. Publicado em comemoração aos 50 anos da Associação. Coordenação e edição: Luiz Sales. São Paulo, 2003.

BARKOCZY, Michel. *Entrevista a Artur Andrade*. TV Panrotas, 4 out. 2011. Disponível em: <http://www.panrotas.com.br/servicos/tv-panrotas>. Acesso em: 11 out. 2011.

_______. Entrevista à autora por telefone, 1º fev. 2012.

BARONE, Vanessa. Definição de luxo varia de acordo com a geografia. *Valor Econômico*, 26 jun. 2005. Disponível em: <http://www.albertoclaro. pro.br/noticia>. Acesso em: 24 jan. 2012.

BARROS, Stella. *Vovó Stella não para*. Rio de Janeiro: DCI – Ind. Gráfica e Editora, 1990.

BENI, Mario. *Análise estrutural do turismo*. São Paulo: Senac, 1998.

BIANCARELI, Rafael. Entrevista à autora por *e-mail*, 28 jan. 2012.

BLACKBURN, Simon. *Dicionário de Filosofia Oxford.* Rio de Janeiro: Jorge Zahar, 1997.

BOITEUX, Bayard. 2006. *Dicionário Técnico de Turismo,* 2 abr. 2006. Disponível em: <http://www.bayardboiteux.pro.br>.

BONINI, Luciana Fleury. Entrevista à autora. Limeira (SP), 18 dez. 2011.

BRAGA, Debora (org.). *Agências de viagens e turismo*: práticas de mercado. Rio de Janeiro: Elsevier, 2008.

BREIA, Elza. Proprietária da MixTur. Entrevista à autora, 3 fev. 2012.

BREZZO, Roberto e COBRA, Marcos. *O novo marketing.* Rio de Janeiro: Elsevier, 2010.

BRONZATO Thiago e GRANDO, João Werner. Uma viagem que vale bilhões. *Exame,* n. 1, edição 1.008, ano 46, 25 jan. 2012.

CANDIOTO, Marcela F. *Agências de turismo – comercialização do transporte aéreo, operações, organização de roteiros turísticos.* Apostilas da disciplina Agências de Turismo, elaboradas exclusivamente para a formação dos graduandos dos cursos de Turismo do Centro Unisal, Isca Faculdades e Faculdade Cásper Líbero. Última revisão: jan. 2007.

_______. *Imagem e motivação turística da demanda de alta temporada de Paraty – RJ.* Dissertação de Mestrado. São Paulo, ECA/USP, 2005.

_______. *Motivação turística ao mundo do faz de conta*: análise da motivação de adultos desacompanhados de criança ao complexo Walt Disney World na Flórida. Dissertação de Mestrado. São Paulo. Unibero, 2000.

CASTELLO BRANCO, Paulo. CEO (*Chief Executiver Officer*) da Holding Brasil Travel (entrevista à Izabel Reigada). 25 out. 2011. Rio de Janeiro. Abav Feira das Américas. TV Panrotas. *On-line.* Disponível em: <http://www. panrotas. com.br>. Acesso em: 10 jan. 2012.

COELHO, André. *Vencendo o caos.* KOTLER, P. e CASLIONE, J. Trad. Celso Cunha Terra. São Paulo: Elsevier, 2009. Observatório de Inovação do Turismo, Revista Acadêmica, v. IV, nº 3, set. 2009. Disponível em: <http://bibliotecadigital.fgv.br/ojs/index.php/oit/article/viewFile/1593/1060>.Acesso em: 24 out. 2011.

COUGHLAN, A . T.; ANDERSON, E.; STERN, L. W.; EL-ANSARY, A. I. *Canais de Marketing e Distribuição.* Porto Alegre: Bookman, 2002.

DANTAS, José Carlos. *Qualidade no atendimento nas agências de viagens.* São Paulo: Roca, 2002.

DE LA TORRE, Francisco. *Sistemas de transporte turístico*. São Paulo: Roca, 2002.

DINIS, Maria Gorete Ferreira. *Comunicações móveis 3G e impacto no sector das viagens e turismo*. Dissertação de Mestrado. Universidade de Aveiro Portugal. Secção Autónoma das Ciências Sociais, Jurídicas e Políticas da Universidade de Aveiro, 2005.

DUARTE, Fábio e FREI, Klaus. *Redes urbanas*. São Paulo: Perspectiva, 2008.

ESCALERA, Karen W. *Turismo de luxo. On-line*. Disponível em: <http://www.hospitalitynet.org/news/4042706.html>. Acesso em: 20 jan. 2012.

FARIAS, Salomão (org.) *Marketing on-line*: o consumidor na internet. Recife: Ed. Universitária da UFPE, 2009.

FEATHERSTONE, M. *Cultura de consumo e pós-modernismo*. São Paulo: Nobel, 1995.

FELIPINI, Dailton. *Compra coletiva*: um guia para o comprador, o comerciante e o empreendedor. Rio de Janeiro: Brasport, 2011.

FONTOLAN, Alexandra Caprioli S. Bacharel em Turismo. Agente de Viagens Membro Conselho de Administração na TRIP Linhas Aéreas S/A. Curso de Turismo na PUC – Campinas. Presidente do *Tradepoint* Centro de Negócios e Informação de Campinas (Cenic) na Prefeitura Municipal de Campinas. Diretora da Aviesp. Conversas informais e compartilhamento de informações por *e-mail*. Nov. 2011 a jan. 2012.

GASPARIN, Gabriela. *Classe C ganha 39,5 milhões de pessoas*. G1 Economia *on-line*. 27 jun. 2011. Disponível em: <http://g1.globo.com/economia/ noticia/ 2011/ 06/classe-c-ganha-395-milhoes-de-pessoas-diz-fgv.html>.

GONÇALVES, Danilo. Bacharel em Turismo e Diretor Executivo da Aviesp. Conversa informal, 6 dez. 2011. PUC Campinas-SP.

GUROVITZ, Helio. 01100100 01101001 01100111 01101001. Revista *Exame*. Reportagem de capa, 11 ago. 1999.

HISPAGNOL, Daniela. Proprietária da Gouté Turismo Gastronômico. Entrevista à autora, por telefone. 18 jan. 2012.

HOLLANDA, Janir. *Turismo*: operação e agenciamento. Rio de Janeiro: Editora Senac Nacional, 2003.

HUNT, Tara. *O poder das redes sociais como o Fator Whuffle – seu valor no mundo digital*. Tradução de Alexandre Callari. São Paulo: Gente, 2010.

ISAACSON, Walter. *Steve Jobs*: a biografia. São Paulo: Companhia das Letras, 2011.

JORNAL Panrotas, nº 998, 31 jan. a 7 fev. 2012.

KANITZ, Stephen. Aprenda a viver. *Veja*, nº 17, ed. 1.902, ano 38, 27 abr. 2005, p. 18.

KOTLER, Philip. *Marketing no setor público*. São Paulo: Bookman, 2007.

LAW, Rob et al. The impact of the internet on travel agencies. Hong Kong-China. In: *International Journal of Contemporary Hospitality Management*, v. 16, 2. ed. 2010.

LEI Nº 11.771, DE 17 DE SETEMBRO DE 2008. Dispõe sobre a Política Nacional de Turismo, define as atribuições do Governo Federal no planejamento, desenvolvimento e estímulo ao setor turístico; revoga a Lei nº 6.505, de 13 de dezembro de 1977, o Decreto-Lei nº 2.294, de 21 de novembro de 1986, e dispositivos da Lei nº 8.181, de 28 de março de 1991; e dá outras providências. Disponível em: <http://www.planalto.gov.br/ccivil_03/_ato2007-2010/2008/lei/l11771.htm>.

LUPPA, Luis Paulo. Entrevista a Leila Melo, 26 set. 2011. Disponível em: <http://www.mercadoeeventos.com.br/site/noticias/view/76590>. Acesso em: 25 jan. 2012.

_______. *O agente de viagem de sucesso*. Palestra ministrada no IV Seminário Aviesp. The Royal Palm Plaza Hotel. Campinas, 28 nov. 2011

MACEDO, Rodrigo. *O poder da nova classe média no turismo internacional. On-line*. Disponível em: <http://www.revistahotelnews.com.br/2009/opiniao. php>. Acesso em: 02 jan. 2012.

MAMEDE, Antônio Augusto. A influência da cultura organizacional nos processos de mudança. Sebrae, 2009. *On-line*. Disponível em: <http://www.biblioteca.sebrae.com.br/bds/bds.nsf/4AD4782E13B055CB03256EF600506F48/$File/NT00090F7A.pdf>. Acesso em: 22 dez. 2011.

MANUAL DE ORIENTAÇOES PARA CADASTRAMENTO DOS PRESTADORES DE SERVIÇOS TURÍSTICOS DO MINISTÉRIO DO TURISMO. Disponível em: <http://www.cadastur.turismo.gov.br/cadastur/_ jsp/jsp /manuais/manual-usuario-cadastur.pdf>.

MARIN, Aitor. *Tecnologia da informação nas agências de viagens*: em busca da produtividade e do valor agregado. Série Turismo. São Paulo: Aleph, 2004.

MARTINS, Rodrigo (01 fev. 2012) Brasil passa Japão no *Twitter* e vira 2º maior em número de usuários. *On-line*. Disponível em: <http://blogs.estadao.com.br>. Acesso em: 02 fev. 2012.

MAURER, Ed. *Internet for the retail travel industry*. Nova York: Thompson Learning, 2003.

MEIRELLES, Renato. *Classe C é o verdadeiro mercado do turismo*. Diretor do Data Popular, instituto de pesquisa especializado na classe média brasileira em palestra no Forum Panrotas. – Tendências do Turismo. 20 mar. 2011. Disponível em: <http://panrotas.com.br/noticia-turismo/mercado/classe-c-e-o-verdadeiro-mercado-de-turismo_66647.html?pesquisa=1 >. Acesso em: 22 ago. 2011.

MINISTÉRIO DO TURISMO (MTur), 2006. Estudo da competitividade do turismo brasileiro. Serviços de turismo no Brasil: Agências e Operadoras. *On-line*. Disponível em: <http://www.turismo.gov.br>. Acesso em: 29 jan. 2012.

_______. 2009. Turismo no Brasil 2011-2014. *On-line*. Diversos acessos. Disponível em: <http://www.turismo.gov.br>.

MINTZBERG, H. LAMPEL, J.; QUINN, J.; GHOSHAL, S. *O processo da estratégia*. 4. ed. Porto Alegre: Bookman, 2006.

MONTANARIN, Deise C. *Consultor de viagens*: novo profissional da era do conhecimento. Curitiba: D.C. Montanarin, 2002. Originalmente apresentada como Monografia de Especialização da PUC-PR no ano de 2002.

MONTEIRO, Eduardo. *Que estratégias dão certo para a Classe C? Como entender o que os consumidores emergentes desejam*. Exame.com. *On-line*. 14 abr. 2011. Disponível em: <http://exame.abril.com.br/marketing/noticias/quais-estrategias-dao-certo-para-a-classe-c>.

NAKATANI, Paulo. OLIVEIRA, Fabrício. *A economia brasileira sob o governo Lula*: resultados e contradições 2005. *On-line*. Disponível em: <http://www.forumdesalternatives.org>. Acesso em: 10 jan. 2012.

NERI, Marcelo. *Revolução do mercado em benefício ao consumidor*. CPS e EPGE / Fundação Getulio Vargas, 2011. *On-line*. Disponível em: <http://www.abecs.org.br/>. Acesso em: 08 jan. 2012.

OLIVEIRA, F. NAKATANI, P. (2006) *A economia brasileira sob o governo Lula*: resultados e contradições. *On-line*. Disponível em: <http://www.forumdesalternatives.org/docs/economia_brasileira_sob_governo_lula.pdf>. Acesso em: 13 jan. 2012.

OLIVEIRA JUNIOR, Constantino. *Aviation & cruising on-line*. Março de 2008. Entrevista a Daniel Carneiro. *On-line*. Disponível em <http://www.aviation.com.br/portal/noticias/artigos_det.php?id_art=33>. Acesso em: 19 dez 2011.

OMT Organização Mundial de Turismo. *Tourism 2020 vision*. *On-line*. Disponível em: <http://www.podepro.prd.uth.gr >. Acesso em: 10 jan. 2012.

PACHECO, Luzia et al. *Capacitação e desenvolvimento de pessoas*. 2 ed. Rio de Janeiro: Ed. FGV, 2009.

PATRIANI, Valter. Presidente executivo da CVC Brasil Operadora S/A até novembro de 2011. Conversas informais com a autora, palestras e declarações à imprensa do *trade*.

PINOLE, Isabel. *Gestión y técnica de agéncias de viajes*. Madrid: Sintesis, 1997.

PÉRICO. William. Agente de Viagens. Presidente da Associação Brasileira das Agências de Viagem (Abav-SP) e da Associação dos Agentes de Viagem do Interior do Estado de São Paulo (Aviesp). Entrevista à autora. 20 dez. 2011. Rio Claro-SP. Via telefone e *e-mail*.

PEREZ, Tereza. Proprietária da Tereza Perez Turismo. Entrevista a João Batista Junior 08 ago. 2009. Revista Veja. *On-line*. Disponível em: <http://vejasp.abril.com.br/revista/edicao-2124/agencias-de-turismo-pararicos>. Acesso em: 18 jan. 2012.

PERUSSI, Regina e REJOWSKI, Miriam. Atuação da CVC Turismo no mercado brasileiro. *Revista Turismo em Análise*, v. 17, nº especial, p. 142-160, janeiro 2006.

PINHO, João Batista. *Publicidade e vendas na internet*: técnicas e estratégias. São Paulo: Summus Editorial, 2000.

PONTES, Dáura. Entrevista à autora. 10 dez. 2011. Limeira-SP.

POSATI, Cristiana. Entrevista à autora. 31 jan. 2012. Limeira-SP.

REJOWSKI, Miriam (Org). *Turismo no percurso do tempo*. São Paulo: Aleph, 2002.

ROCCATO, Pedro Luiz. *A Bíblia de canais de vendas e distribuição*. São Paulo: M.Books do Brasil, 2008.

SALEM, Fernanda. *Qual é o mundo ideal de consumo para as mulheres*? Reportagem. 01 dez. 2011. *On-line*. Disponível em: <http://www.mundo domarketing.com.br>. Acesso em: 25 jan. 2012.

SÁ, Sylvia. *Marcas não olham para os consumidores acima de 60 anos*. 07 out. 2011. *On-line*. Disponível em <http://www.mundomarketing.com.br>. Acesso em: 10 dez. 2011.

SILVA, José Ribamar. Gerente comercial do Hotel Villa Mayor. Entrevista à autora. 29 dez. 2011. Sala da gerência – Fortaleza-CE.

SOUZA, Amaury. LAMOUNIER, Bolívar. *A classe média brasileira. Ambições, valores e projetos de sociedade*. Rio de Janeiro: Elsevier, 2010.

TERRA, José Cláudio. *Varejo 2.0*: um guia para aplicar redes sociais aos negócios. Rio de Janeiro: Elsevier, 2011.

TOMELIN, Carlos Alberto. *Mercado de agências de viagens e turismo*. São Paulo: Aleph, 2001.

TRIGO, Luiz Gonzaga. G. *Turismo básico*. 8 ed. São Paulo: Ed. Senac, 2009.

TRIGO, Luiz Gonzaga G. (editor); CARVALHO, Mariana Aldrigui; PANOSSO NETTO, Alexandre; PIRES, Paulo Santos (coeditores). *Análises regionais e globais do turismo brasileiro*. São Paulo: Roca, 2005.

TULIK, Olga. Bacharel e licenciada em Geografia, Mestra em Geografia Humana e Doutora em Ciências Humanas pela USP e Livre-Docente em Turismo e Lazer na ECA/USP. Entrevista à autora por telefone. 01 fev. 2012.

URRY, John. *O olhar do turista*. São Paulo: Studio Nobel Sesc, 1996.

VENTURA, Rodrigo. *Mudanças no perfil do consumo no Brasil*: principais tendências nos próximos 20 anos. Macroplan, 2010. Disponível em: <http://www.macroplan.com.br/Documentos/ArtigoMacroplan2010817182941.pdf>. Acesso em: 08 dez. 2011.

VERTEMATI, Roberto. Diretor de expansão da CVC Brasil Operadora. Entrevista à Revista Caribbean News Digital (07 abr. 2011). *On-line*. Disponível em: <http://m.caribbeannewsdigital.com/pt/noticia/setor-de-turismo-aposta-em-novos-canais-de-vendas-e-atendimento-customizado>. Acesso em: 12 dez. 2011.

VIEIRA, Eduardo. *Os bastidores da internet no Brasil*. Barueri-SP: Manole, 2003.

ZUQUIM, José. *E o mercado para onde vai?* (07 dez. 2011). *On-line*. Disponível em: <http://www.mercadoeeventos.com.br>. Acesso em: 05 jan. 2012.

Reportagens na internet

A conquista do turismo espacial em 2012 (25 jan. 2012). Disponível em: <http://www.estadao.com.br/noticias/vidae,a-conquista-do-turismo-espacial-em-2012,827075,0.htm>. Acesso em: 26 jan. 2012.

As coisas mais caras do mundo (S/D). Disponível em: <http://cybervida.com.br>. Disponível em: <http://resultson.com.br/videos/as-redes-sociais-em-numeros/>. Acesso em: 25 jan. 2012.

Classe D aumenta seu poder de consumo (09 ago. 2010). Disponível em: <http://wp.clicrbs.com.br/respeitavelpublico/2010/08/09/classe-d-aumenta-seu-poder-de-consumo/>. Acesso em: 02 jan. 2012.

DAC – Instrução de Aviação Civil 1504 de 30 abr. 2000. Disponível em: <http://www2.anac.gov.br>. Diversos acessos.

Futuro está na tecnologia móvel – 12 jul. 2007. Disponível em: <http://noticias.terra.com.br/educacao/interna/0,OI1684306-EI8266,00.html >. Acesso em: 10 dez. 2011.

Iata (International Air Transportation Association). Disponível em: <http://www.iata.org>. Diversos acessos.

Lula fica na 19ª posição entre presidentes do país. Ministério do Planejamento, Orçamento e Gestão (4 mar. 2011). Disponível em: <https://conteudo clippingmp.planejamento.gov.br/cadastros/noticias/2011/3/4/lula-fica-na-19a-posicao-entre-presidentes-do-pais>. Acesso em: 22 ago. 2011.

PANROTAS – empresa de produção de informações para o profissional de turismo, atuando junto a toda a cadeia produtiva do setor. Disponível em: <http://www.panrotas.com.br>. Diversos acessos.

Pesquisa da InterScience revela que crianças exercem influência direta na hora da compra (19 set. 2007). Disponível em: <http://www.mundodomarketing. com.br>. Acesso em: 25 jan. 2012.

Revista Turismo em Números. Mantida pelo Sindetur. Disponível em: <http://www. turismoemnumeros.com>, nº 85, p. 2, 2011. Diversos acessos.

SNEA (Sindicato Nacional das Empresas Aeroviárias). Disponível em: <http://www.snea. com.br>. Diversos acessos.

TAM lança canal próprio de compras coletivas (08 dez. 2011). Disponível em: <http:// exame.abril.com.br/negocios/empresas/noticias/tam-lanca-canal-proprio-de-compras-coletivas>. Acesso em: 10 dez. 2011.

TSA (Transportation Security Administration). Disponível em: <http://www.tsa.gov>. Diversos acessos.

Turismo e redes sociais: por que devem andar juntos? (S/D). Disponível em: <http://www. digitalmarketing.pt/turismo-e-redes-sociais-porque-devem-andar-juntos>. Acesso em: 20 dez. 2011.

Acreditamos que sua resposta nos ajuda a aperfeiçoar continuamente nosso trabalho para atendê-lo(la) melhor e aos outros leitores.
Por favor, preencha o formulário abaixo e envie pelos correios ou acesse www.elsevier.com.br/cartaoresposta. Agradecemos sua colaboração.

Seu nome: ______________________

Sexo: ☐ Feminino ☐ Masculino CPF: ______________

Endereço: ______________________

E-mail: ______________________

Curso ou Profissão: ______________________

Ano/Período em que estuda: ______________________

Livro adquirido e autor: ______________________

Como conheceu o livro?

☐ Mala direta
☐ E-mail da Campus/Elsevier
☐ Recomendação de amigo
☐ Anúncio (onde?) ______________
☐ Recomendação de professor
☐ Site (qual?) ______________
☐ Resenha em jornal, revista ou blog
☐ Evento (qual?) ______________
☐ Outros (quais?) ______________

Onde costuma comprar livros?

☐ Internet. Quais sites? ______________________
☐ Livrarias ☐ Feiras e eventos ☐ Mala direta

☐ Quero receber informações e ofertas especiais sobre livros da Campus/Elsevier e Parceiros.

Siga-nos no twitter @CampusElsevier

ELSEVIER

SAC ELSEVIER | 0800 026 53 40 sac@elsevier.com.br

Cartão Resposta
050120048-7/2003-DR/RJ
Elsevier Editora Ltda
CORREIOS

CARTÃO RESPOSTA
Não é necessário selar

O SELO SERÁ PAGO POR
Elsevier Editora Ltda

20299-999 - Rio de Janeiro - RJ

Qual(is) o(s) conteúdo(s) de seu interesse?

Concursos

- [ ] Administração Pública e Orçamento
- [ ] Arquivologia
- [ ] Atualidades
- [ ] Ciências Exatas
- [ ] Contabilidade
- [ ] Direito e Legislação
- [ ] Economia
- [ ] Educação Física
- [ ] Engenharia
- [ ] Física
- [ ] Gestão de Pessoas
- [ ] Informática
- [ ] Língua Portuguesa
- [ ] Línguas Estrangeiras
- [ ] Saúde
- [ ] Sistema Financeiro e Bancário
- [ ] Técnicas de Estudo e Motivação
- [ ] Todas as Áreas
- [ ] Outros (quais?) ____________________

Educação & Referência

- [ ] Comportamento
- [ ] Desenvolvimento Sustentável
- [ ] Dicionários e Enciclopédias
- [ ] Divulgação Científica
- [ ] Educação Familiar
- [ ] Finanças Pessoais
- [ ] Idiomas
- [ ] Interesse Geral
- [ ] Motivação
- [ ] Qualidade de Vida
- [ ] Sociedade e Política

Jurídicos

- [ ] Direito e Processo do Trabalho/Previdenciário
- [ ] Direito Processual Civil
- [ ] Direito e Processo Penal
- [ ] Direito Administrativo
- [ ] Direito Constitucional
- [ ] Direito Civil
- [ ] Direito Empresarial
- [ ] Direito Econômico e Concorrencial
- [ ] Direito do Consumidor
- [ ] Linguagem Jurídica/Argumentação/Monografia
- [ ] Direito Ambiental
- [ ] Filosofia e Teoria do Direito/Ética
- [ ] Direito Internacional
- [ ] História e Introdução ao Direito
- [ ] Sociologia Jurídica
- [ ] Todas as Áreas

Media Technology

- [ ] Animação e Computação Gráfica
- [ ] Áudio
- [ ] Filme e Vídeo
- [ ] Fotografia
- [ ] Jogos
- [ ] Multimídia e Web

Negócios

- [ ] Administração/Gestão Empresarial
- [ ] Biografias
- [ ] Carreira e Liderança Empresariais
- [ ] E-business
- [ ] Estratégia
- [ ] Light Business
- [ ] Marketing/Vendas
- [ ] RH/Gestão de Pessoas
- [ ] Tecnologia

Universitários

- [ ] Administração
- [ ] Ciências Políticas
- [ ] Computação
- [ ] Comunicação
- [ ] Economia
- [ ] Engenharia
- [ ] Estatística
- [ ] Finanças
- [ ] Física
- [ ] História
- [ ] Psicologia
- [ ] Relações Internacionais
- [ ] Turismo

Áreas da Saúde [ ]

Outras áreas (quais?): ____________________

Tem algum comentário sobre este livro que deseja compartilhar conosco?

____

Atenção:
-As informações que você está fornecendo serão usadas apenas pela Campus/Elsevier e não serão vendidas, alugadas ou distribuídas por terceiros sem permissão preliminar.